はじめに

皆様はじめまして。山口県下関市出身・在住の安光伸江（やすみつ・のぶえ）と申します。東京で音大非常勤講師などをしていましたが、現在は郷里に戻り、音楽教室や執筆業をしています。

私が本書を書くことになったいきさつからお話しします。

幼少時からピアノを習い、音大に行くのが当然だと思っていたのですが、学校の成績がよかったことやうちの経済状況もあって、音大進学を諦めて東京大学（以下、東大）に現役合格しました。小さい頃に父の転勤で数年間東京に住んでいたことがあるのと、下関に帰ってからも東京の合唱団とお付き合いがあった関係で、他の土地よりは東京に馴染みがあったから、という理由もあります。

実際、小さい頃に住んでいた杉並区の荻窪駅近辺に東大時代も4年間下宿していました。ピアノが置けない下宿だったので、その後、東京藝大（以下、藝大）に入ってからグランドピアノが置ける練馬のアパート（住宅情報誌によればマンションでしたが）に引っ越しました。人生の半分ほどは東京に住んでいたことになります。

藝大に行ったのは、音大を諦めて東大に行ったのがことのほか悔しくて、なんとかして音楽のプロになりたかったからです。アマチュアでいるのがイヤだったのです。プロのオーケストラで打楽器奏者になりたかったのですが、なぜかピアノに戻り、職業ピアニストとして仕事ができるところまで育てていただきました。ピアノの基礎から学ぶことができたので、藝大での教育効果はかなりあったと思っています。

私としては「リベンジ」として藝大に行ったのですが、「東大と藝大に一発で合格した」というのは、他の人が言うには「二刀流」で、なかなかできることではないとのことです。

大谷翔平選手のように唯一無二の存在ではなく、実際に両方の大学に行った人は私が直接知っている限りでも何人もいるのですが、たいていは東京か首都圏の人で、地方出身で東大現役合格というのはかなり珍しいことのようです。

そして何十年か後、諸事情で音楽の仕事をやめて東京の住まいを引き払い実家にいたのですが、その時に出合ったのが天狼院書店です。「本の先の体験を提供します！」がコンセプトで、「人生を変えるライティング・ゼミ」という広告がよく出てきました。

もともと文章を書くことは好きな方だったので試しに受けてみました。ちょうど母が亡くなる時で、自分の病気ネタと母が死んじゃうネタしかＷｅｂ天狼院に掲載してもらえない、という劣等生でしたが、その後も書くことを続け、上級クラスにも進みました。

そこで企画が通って『素人投資家いちねんせい』という経済に関する週刊連載を書くようになり、２０２４年2月で5周年を迎えました。２０２４年末には連載３００回になる予定です。その連載が２００回を超えた頃、天狼院書店店主三浦崇典さんから依頼されたのが、ワンデイ講座『続ける技術』でした。「東大と藝大にガチで一発合格した秘密は?」「連載200回を体調やメンタルが悪い時も淡々と書き続けられたのは?」という話をしてくれ、とのことで、初回は三浦さんとの対談で生放送してもらいました。翌年は、ほぼ一人で喋るワンデイ講座もしました。その講座の内容を元に加筆修正したのが本書です。

講座を行うなかで判明したのが、私は普通の人で特別なことはしていない、実は誰でもできることしかしていない、基礎をしっかりやることによって東大も藝大も合格できた、ということでした。

「高校まではそこそこアタマもよかったはずなんだけどな」と内心思いましたが、それも地方の学校で成績がよかったというだけで、東京に出たらとっても「普通の人」でした。

藝大の同期には「東大から来た!」というので騒がれたこともありますが、私がスゴいんじゃなくて東大の「イメージが」スゴいだけなんですね。

「リアル二刀流」だった過去を語るのは少々面映《おもは》ゆいのですが、学びを続けることによって、人生を楽しんでいることもお届けできたらと思います。

本書は、私の個人的な「続ける技術」が主体ですが、参考にしていただけることが一つでも二つでもあれば幸いです。

受験生の皆さん、資格試験を受ける皆さんに言いたいのは、「基礎を固めることが結局は早道ですよ！」ということです。また、私と同じく人生をだいぶ長く生きてきた方にも、「いくつからでも今から続ければいろんなことができるよ」というのを少しでも伝われば幸いです。

今から始めればいろんなことが積み重ねられます。昨今はやりの積立投資と同じ理屈です。時間を味方につけましょう。

それではどうぞ最後までお楽しみください。

安光 伸江

もくじ

はじめに 3

1章

続ける技術の基本は3つの「キ」

●「続ける」ことのハードルを低くする 16
●3つの「キ」：「記録」「基礎」「期限」 18
●記録：モチベーションアップ&維持 18
●基礎：東大も藝大も基礎力あってこそ 20
●期限：根気が永遠に続く人はいない 22

2章

続けるために必要な「記録」の技術

●原点はこどもの頃の「ピアノの練習表」 26
●自分の成長を自分で褒める 30
●まとめノートはカラフルに 図解を多用して楽しく 31
●問題集の間違えたところに印をつける 33
●資格試験の勉強は定番の問題集を15回繰り返す 36
●社会の論述問題学習ノートは冊数で積み重ね 38
●語学学校でのノートはお気に入りのペンで 39
●音大での授業はカレンダー形式の専用ノートに記録 41
●予定はGoogleカレンダー、パソコンやiPhoneで管理 42
●行動記録はPDFの「スパイラルシート」に 46
●Mac純正メモアプリの活用 48

● Evernoteの活用 49
● 面倒くさいことはハナから手を出さない 56
● 大きな資産管理はマネーフォワードとやよいの青色申告 58
● iPhoneで撮った写真は、Googleフォトに入れて日記代わりに 60
● 日々のランチをインスタ投稿、
iPhoneの「ジャーナル」にも記録 62
● 健康状態はiPhoneのヘルスケアに記録 64
● 語学のゲームで連続記録を皆に発表 66

3章

続けるために必要な「基礎（基礎力）」の技術

● 中学の学習内容をほぼ完璧にマスターしたのが
東大合格の原点 70

● 中学の英語教科書3年分暗唱、本文書き写しも 71
● 「基礎英語」「続基礎英語」を毎日聞いた中学時代 75
● 試験のあとは完答できるまできっちりやり直す 78
● 公式は自分で証明できるようにする 79
● 教えることは最大の学習である 81
● 予習復習はきっちり。ノートにも工夫 83
● 苦手な英語は何度も繰り返して覚える 84
● 理科・社会はまとめノートと教科書の編集 88
● 無理な背伸びはしない 90
● 経験が少なく時間が足りないことは習いに行く 94
● 大人の学びは少し下のレベルから 96
● 大人の語学学習で意識すべきこと 99

4章

続けるために必要な「期限」の技術

● 人生には限りがあるし、根気はずっと続かない　106
● 一発勝負のプレッシャー　107
● 模試などをマイルストーンにする　109
● 中学時代の基礎英語、高校時代の「大学受験ラジオ講座」などがペースメーカーに　112
● 短期集中で締め切り効果を狙う　114
● 本番形式の模試は必ず受ける　117
● ピアノや電子オルガンは毎週レッスンがあるので続けられる　120
● ライティング・ゼミの課題も毎週提出だから続けられる　123
● バッファを設けたうえで、書く日を決める　124
● 大人の趣味の学習は細く長く続ける　125

5章

続ける環境を作るために投資する

● 塾には行かせてもらえなかったが、必要な教材は買ってもらえた 130
● NHK語学講座のテキストは電子版を定期的に買う 132
● パソコンなどに投資する 135
● 日本語入力は親指シフトとATOKで効率的に 139
● クラウド活用 Dropbox、Evernote、iCloudなど 143
● iPhone2台、iPad複数台を所有して使い分ける 147
● サブスクはコスパとタイパのバランスを 152
● 時間が取れない人にはオーディオブックが有効 153
● 自分の手に余るものは投資しない決断も必要 155
● 続けやすい仕組み作りに無理なく投資する 156

6章

続けるためのメンタルを身につける

● 中断からの復帰にはエネルギーがいる　160
● 音楽をやめていた時期からの復活　162
● 「今」が一番若い　166

おわりに　168

1章

続ける技術の基本は3つの「キ」

「続ける」ことのハードルを低くする

「継続は力なり」といいますが、そうはいってもなかなか続かない。そんな方が多いのではないでしょうか。

元日に新年の目標を立ててみたけど冬休みの間に挫折した。

新年度こそがんばるぞ！　と思ったものの五月の連休には忘れてしまった。

など、など……。

それ、普通です。気持ちが盛り上がり、モチベーションが高い時に作った目標は、挫折するのも早い。多くの方が経験していることと思います。「続ける技術」という本を書いている私ですが、うまくいかなかったこともたくさんあります。

それでも細く長く続いているものに関しては、それなりの成果をあげてきました。

- 中学校から授業が始まった英語は教科書を3年分暗唱
- 中学校の学習内容を全科目ほぼ完璧にマスターしたおかげで東大現役合格
- 高校3年の4月までピアノを続け、高校1年の春休みに吹奏楽部とモーツァルトの協奏曲を演奏
- 大学でピアノの置けない下宿に住みながら東大卒業後に東京藝大に入学
- ピアノを基礎からやり直し、演奏家として仕事をするに至る
- 留学する代わりに通ったドイツ語学校で通訳コースまで学ぶ
- 文章術のゼミで学び、週刊連載290回突破

などなど。

一つひとつは小さなことですが、続けることによって大きなことができます。

その実現のためにはどうすればよいか。

「続ける」ことのハードルを低くすればよいのです。

目標は高すぎず、低すぎず。自分の身の丈にあった高さで。

そして、続いてきたことのコツのようなものを考えてみたら、キーワードが浮かんできました。

3つの「キ」：「記録」「基礎」「期限」

続けるためのキーワード、それは、3つの「キ」、すなわち「記録」「基礎」「期限」です。

詳しくは第2章以降に譲りますが、要点を書いておきましょう。

記録：モチベーションアップ&維持

1つめの「キ」は「記録」です。

〈図1〉続けたことの事例

「続ける」ことにより、出すことができた結果

- 中学校から授業が始まった英語は教科書を3年分暗唱
- 中学校の学習内容を全科目ほぼ完璧にマスターしたおかげで東大現役合格
- 高校3年の4月までピアノを続け、高校1年の春休みに吹奏楽部とモーツァルトの協奏曲を演奏
- 大学でピアノの置けない下宿に住みながら東大卒業後に東京藝大に入学
- ピアノを基礎からやり直し、演奏家として仕事をするに至る
- 留学する代わりに通ったドイツ語学校で通訳コースまで学ぶ
- 文章術のゼミで学び、週刊連載290回突破

自分の行動を、さまざまな形で記録していきます。そうすることによって、最初に目標を立てた時の気持ちを忘れずに維持できます。

また、記録していくことで結果が見える化され、達成感を味わうことができます。

そうして自分を褒めることができれば大成功！「続ける」ことが喜びに変わり、結果として長く続けることができます。

記録の取り方などについて、第2章で書いていきます。

基礎：東大も藝大も基礎力あってこそ

2つめの「キ」は「基礎」です。

私が子どもの頃は、中学校から英語の授業が始まり、みんな一斉にゼロからのスタートでした。詳しくは第3章に譲りますが、教科書の暗唱、ラジオ講座を毎日聞く、など基礎力の養成を徹底していたら、中学時代の英語の成績はほとんど満点に近かったのです。

他の科目も中学校の学習内容をほぼ完璧にマスターしました。

高校時代は部活で忙しく、思春期で悩むことも多かったので、東大に現役合格できたのは「中学時代の貯金」だと思っています。義務教育レベルの学習内容をきちんとマスターすることが、難関校に合格する礎《いしずえ》となったように思います。

また、子どもの頃から「ソルフェージュ」という音楽の基礎の勉強をしていたことが、大学でピアノを中断しても卒業後に東京藝大に入れた要因となっていました。藝大ではピアノを基礎からやり直し、ピアノを弾いて仕事をするまでになりました。

もちろん中断はない方がいいのですが、さまざまな事情で中断を余儀なくされても、基礎力がしっかりしていれば復活できる、それもこの後の章で書いてみようと思います。

期限：根気が永遠に続く人はいない

3つめの「キ」は「期限」です。

恥ずかしながら、私は根気がそんなに長くは続きません。新年の目標は放っておけば冬休み中に挫折するし、4月の新年度の目標は桜とともに散っていく。それは普通のことだと思って諦めています。

そんな時、「いついつまではこのことをがんばろう！」と期限を切っておくと、続ける気持ちを維持しやすくなります。「締め切り効果」という人もいます。

たとえば通信添削の提出期限。たとえば模試でランキングに入りたい、などなど。大きな目標の途中に小さな目標があると続けやすくなります。

〈図2〉3つの「キ」

3つの「キ」とは?

- 1つめの「キ」
記録：モチベーションアップ&維持

- 2つめの「キ」
基礎：東大も藝大も基礎力あってこそ

- 3つめの「キ」
期限：根気が永遠に続く人はいない

こんなふうに、続けることを分解して、ハードルを低くしていきましょう！
それでは次の章からそれぞれについて詳しく書いていきます。

2章

続けるために必要な「記録」の技術

原点はこどもの頃の「ピアノの練習表」

それでは1つめの「キ」、「記録」の例をあげてみましょう。

記録の例として、幼少時から習ったピアノの先生のところでの「練習表」があります。横長の用紙にカレンダーが載っていました。そこに毎日ピアノの練習をした時間を書き込んでいきます。

15分……△
30分……◗
1時間……○
2時間……◎
3時間……◉

この組み合わせで練習時間を記入していくのが子ども心に楽しかったのを思い出します。

今日は15分しか練習できなかったね、明日は1時間弾こうね、と自分を励まし、先生に見せて「よく練習したね」「もっとがんばろうね」とことばをかけていただく。たくさん練習して褒められた時は「えっへん」と自慢げな顔をしていたことでしょう。


ピアノの練習は毎日続けることが大切です。短い時間でもいいので毎日弾く。そして長時間の練習を積み重ねることも大切なので、量も記録する。たくさん弾けた日が続くと、その分だけ上達も早くなります。

今だと、かわいいカレンダーにきれいなシールを貼っていく感じでしょうか。当時はシールなんてなかったのですが、こうやって練習量を見える化するのは合理的でした。今から思えば、よく考え抜かれたシステムだったと思います。

このように、記録を取ることによって、達成感があがり、モチベーションを維持できます。

夏休みのラジオ体操の出席表も同じシステムです。毎朝の早起きはつらかったけど、体操のあとでスタンプを押してもらうのがうれしかった覚えがあります。うちの近所では今も続いているようで、子どもさんの誇らしげな顔を微笑ましく思いました。

大人でも同じ工夫をするといいかもしれません。

練習時間や勉強時間を記入した月間カレンダーに、「大変よくできました」スタンプを押したりかわいいシールを貼ったり、あるいは自分で自分への称賛の言葉を書き込んでもいいですね。

〈図3〉ピアノの練習表

記録の原点となる
ピアノの練習帳

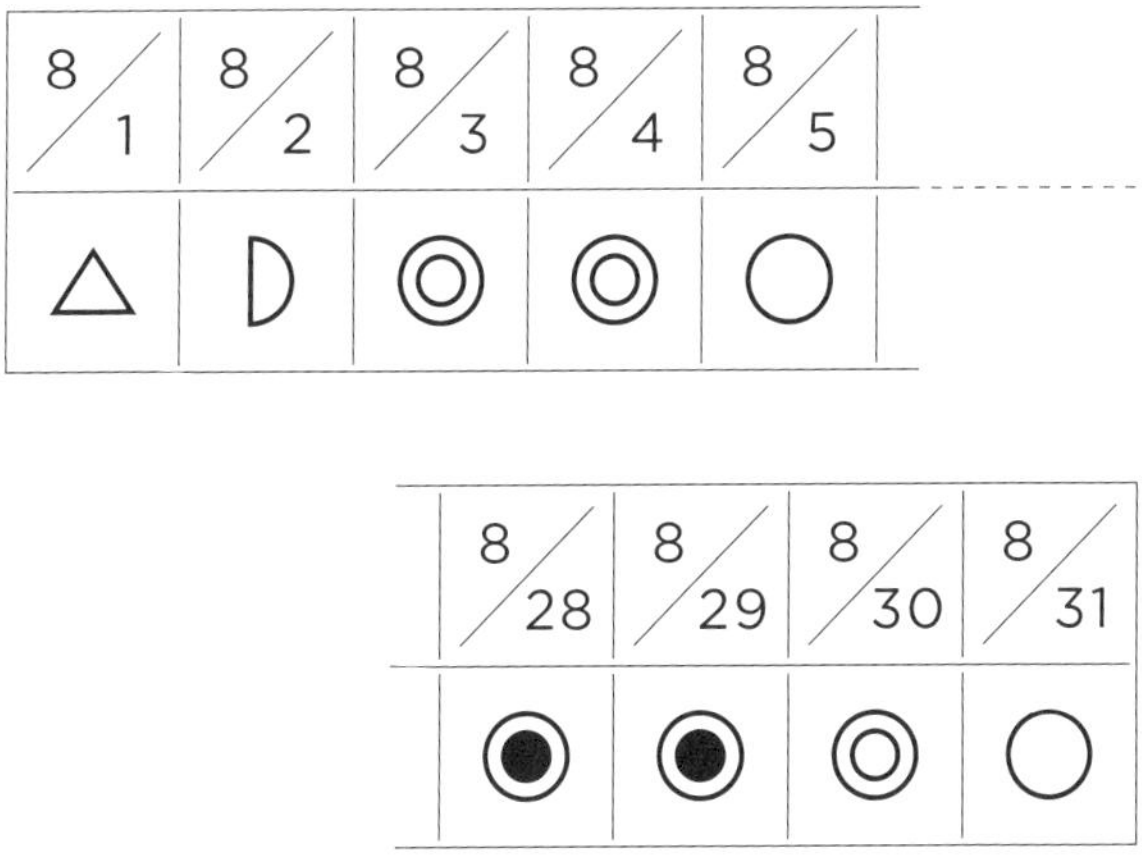

自分の成長を自分で褒める

中学3年の頃、英語の成績の一覧表を作った覚えがあります。他の科目はどうだったか覚えていませんが、英語だけは50点満点の50点がほとんどだったので、自分を褒めたくなったのだと思います。

ルーズリーフに線を引いて表を作り、試験の成績を書いていきます。中学3年の時は満点じゃないことも何回かあったので、平均点を出してみると、49・5点を超えていた記憶があります。「よくがんばったな、これからもがんばろう！」と自分を励ましました。

もちろん満点近い成績じゃなくても、少しずつ伸びていく記録を取るのでもいいと思います。今なら手書きの表を作るより表計算ソフトで計算し、グラフを書いてみるのもいいかもしれません。

記録を取って達成感を味わい、自分の成長を自分で褒める。これが努力を続けるコツだと思います。

学校のテストは点数を記録するのがわかりやすいのですが、大人になってからの学習だと点数化できるものは案外少ないかもしれません。そんな時は、今日は何ページテキストをやった、とか、何時間勉強した、とか、昨日は休んだけど今日はがんばった、とか、記録していくのがよいのではないでしょうか。

まとめノートはカラフルに図解を多用して楽しく

中学校の時に、板書を一生懸命写していると「それは単なる字の練習、もっとちゃんと理解しなさい」なんてよく言われていました。

黒板の文字は、白墨と赤・青・緑・黄色のチョークくらいだったでしょうか。そのノートをとる時、仲良しの友だちが持っていたカラーペンを借りて、色とりどりにして楽しんでいました。

暗記科目でもある社会は、授業ノートとは別にまとめのノートを作っていました。授業用のノートはいわゆる大学ノート、綴じたものでしたが、まとめのノートは当時出始めのルーズリーフを使いました。

私は絵が下手で、地図などは上手に描けません。教科書だったか、資料集だったか、地図が必要な時はトレースして描いた覚えがあります。


トレーシングペーパーなどは地元にはなかったので、ルーズリーフを地図の上に置いてなぞって描いたように記憶しています。

そして地図上にいろいろ書き込んでいきました。中国のこのあたりではどんな穀物が採れる、とか、第2次世界大戦後独立した国々が以前はどの大国の支配下にあったか、とか、色分けしていました。

オランダに支配されていた国はオレンジ色、イギリスは緑だったかな？　正確なところは覚えていませんが、色分けして覚える、という工夫をしていました。視覚的な情報は、記憶に定着させるにはよい方法だったと思います。

大人の勉強にも、図解本を活用したり、自分で図にまとめたりするのが役立つと思います。「漫画でわかる○○」みたいな本も、絵柄が気に入れば理解を深めやすいと思います。

問題集の間違えたところに印をつける

高校では1年生の頃から、大学受験に向けた勉強をしていました。その際に教科書とは別に問題集を自分で解いていくのですが、英文法の問題集やら数学の問題集やらの解答集の番号に印をつけていく工夫をしてみました。

1回目に間違えたところは赤のボールペンで○印
2回目は青のボールペン
3回目は緑のボールペン

4回目は紫のボールペン

これで間違えたところは記録できるので、何回も間違えたところを重点的に復習することになります。高校時代は記憶力がまだしっかりしていて、3回くらい間違えればたいていマスターできていたので、4回目の紫を使うことは少なかったように思います。

これも解答集に印をつけていたのだか、問題につけたのだか記憶が定かではありませんが、どちらでも自分のわかりやすい方でいいと思います。

問題のところにはその問題を解いた日付を記入していました。

いつ解いた、何回解いた、というのを記録していくのも、達成感を得る工夫だったと思います。回数を重ねるとその分だけ記憶に定着します。

〈図4〉問題集への工夫

問題集に
印をつける

1 次の問いに答えよ

① $x^3+y^3+z^3-3xyz$ を因数分解せよ

◎② $(\sqrt{7}+\sqrt{3})(\sqrt{7}-\sqrt{3})$ を計算せよ

◎③ $|3+x| \leqq 4y+2$ を計算せよ

資格試験の勉強は定番の問題集を15回繰り返す

これは他の方の話ですが、行政書士だか司法書士だか、国家資格の資格試験を受けて一発合格された方がいました。

仕事を持ちながらの受験なので、勉強にかけられる時間は限られています。そこでまずは合格のための情報を集めるところから始めたそうです。**木を切る時に、まずは斧を研ぐところに時間をかけ、最後にまとめてがっと切っていく**、というのと似ているように思います。

その結果、定番の問題集が7〜8冊あるので、「それだけ」を15回繰り返せば誰でも合格できるという有力な情報が得られました。大人になってからの勉強は、若い頃とは記憶力が違うため、回数を積み重ねることが重要なのです。

そこでその方は問題集を買いそろえ、それだけを何回も何回も繰り返して解きました。他の問題集に目移りすることなく、ひたすらそれだけをやりました。社会人だとどうしても時間が足りなくて、15回の目標だったのが12回しか解けなかったそうですが、なんとかギリギリで合格できたとのことです。

12回でなく、目標通り15回繰り返していれば余裕で合格できただろうとその方は言っていました。合格最低点を1点でも上回れば合格できることに違いはありませんが、余裕をもって合格するにはやはり15回という回数が必要だったようです。

そのためには、進み具合を表にするなどしておくと、自分の立ち位置がわかってよいと思います。手書きでもいいし、表計算ソフトを利用するのもいいでしょう。問題集をやった日付を記録していくと、残り時間も見えてきます。焦りは禁物です。勉強は、裏切りません。淡々と積み重ねていきましょう。

この方法は、競争試験ではなく点数さえクリアすれば合格できる、という試験に概ね役立つと思います。大学入試などは定員が決まっているので、上位何人に入らないといけない、というプレッシャーはありますが、それでも「1点でも多く、確実に積み重ねれば合格が近づく」という原則は同じなので、他人との競争よりは自分の心に打ち勝つことが重要ではないかと思います。

社会の論述問題学習ノートは冊数で積み重ね

高校2年までは音大でなければ理系に進むつもりでいたのですが、ひょんなことから年度終わりの2月半ばになって文系に転向しました。

東大は二次試験で社会が2科目ありました。私は社会があまり得意ではありません。そこで高校3年の4月から担任の社会の先生に論述問題を見ていただきました。倫理社会と政治経済を習った先生なのですが、世界史と日本史の論述問題を見てコメントをくださいました。

使ったノートは、原稿用紙を綴じたような形になっている1ページ200字詰めのノートです。

字数がわかればどんなノートでもいいと思います。Z会の問題や東大の過去問など、思いつくままに問題を解き、その模範解答を色ペンで記入していきました。

担任の先生へのお手紙を書いたりもしました。

何冊も貯まっていくと、「ああ、こんなにがんばったんだなぁ」と達成感を得られます。最後の最後まで社会科は苦手意識が抜けなかったのですが、それでも量を積み重ねていったことが精神的な支えとなったのを覚えています。

そのノートは40年経った今でも持っています。青春の想い出です。

「質より量」という言葉がありますが、学んだ量が質を担保する、と考えれば、続ける動機付けにもなると思います。継続は力、積み重ねは力になります。その意味でも、紙のノートを使って物理的に学習結果を残しておくのはよい方法です。

語学学校でのノートはお気に入りのペンで

藝大の大学院を修了し2年経った頃、母校の非常勤助手に雇ってもらえることになりましたが、そのタイミングで本格的に語学を勉強することにしました。

私は留学経験がないので、フランス語とドイツ語の語学学校に行くことにしました。最初は「駅前留学」していましたが、コンスタントに授業を受けた方がいいな、と思ったので、日仏学院とドイツ語学院ハイデルベルクに通いました。ネイティブスピーカーにドイツ語やフランス語で授業をしてもらうのは楽しかったです。音声中心の学習に切り替えたことでやる気もでてきました。さらにドイツ語は後に東京ドイツ文化センター語学部（通称「ゲーテ」）に行きました。

語学学校でのノートは、A４のルーズリーフにしました。学校で配られるプリントがA４だったので大きさをそろえたのです。そして新しく学んだ表現などをどんどん書いていきました。そこで使ったのは水性ボールペンです。シグノのグリーンブラックがお気に入りでした。目に優しく、滑り具合も心地いい。たくさん、たくさん書いていきました。

ノートを取るのは鉛筆やシャープペンシルが多いと思いますが、気に入った色のボールペンなどで書くのも楽しく勉強を続けるコツです。

音大での授業はカレンダー形式の専用ノートに記録

都内の音楽大学でソルフェージュの非常勤講師をしている時は、授業は週2日2コマずつだったので、どのクラスで何をやったか忘れないように、A5のルーズリーフのカレンダーに授業内容を記録しました。

その時のペンはシグノの緑でした。グリーンブラックよりさらに目に優しいのが気に入っていました。明るい緑色は気持ちも明るくなります。

カレンダー形式だと視認性がよいので、前の授業内容を確認するのに便利でした。そのルーズリーフは薄いバインダーにはさんでいて、授業専用にしていました。

私はピンクが好きなので、表紙はピンクにしていました。好きな色を選ぶのが続けるコツだと思います。当時は東京にいましたから、東急ハンズやロフトなど、文房具が買えるところもたくさんあり、楽しかった覚えがあります。

何かのプロジェクトの進捗状況を記録するのにも、専用ノートを使うのは有効です。私は非常勤のコマ数が1日2コマ×週2回だったのでマンスリーを選びましたが、バーチカルのウィークリーや年間カレンダーなど、仕事内容に合ったタイプを選ぶとよいでしょう。

予定はGoogleカレンダー、パソコンやiPhoneで管理

東京での音大の仕事を辞めてからは、定期的な仕事の予定がなくなったこともあり、予定の管理にはGoogleカレンダーやiPhoneを使うようになりました。

iPhoneのカレンダーをGoogleカレンダーと同期し、パソコンでもiPhoneでも見られるようにしています。予定を入力するのはiPhoneでもパソコンでも大丈夫です。歯医者の予約など単発の予定はiPhoneで入

〈図5〉ノートの取りかたのポイント

ノートを取るときの 3つのポイント

- 論述問題を勉強するとき
  - ▶ 字数がわかるノートを使う
- ノートにたくさん書きたいとき
  - ▶ 気に入った色のボールペンなどで書く
- プロジェクトの進捗状況を記録するとき
  - ▶ 専用ノートを使う

れることが多く、毎週や3週間ごとの通院など繰り返しの予定はパソコンからが多いです。

iPhoneでは予定がスクロールしてみられるようにしていて、パソコンではブラウザで月の画面が見られるようにしています。月間カレンダーは一覧性がいいので気に入っています。

毎月5と0のつく日に行きつけの海鮮丼屋で福袋が売り出されることとか、毎月15日は近所のショッピングモールの特売があるとか、そんな繰り返しの予定も記入しています。買い物の計画をたてるのにも役立っています。

歯医者の予約や前述の天狼院書店のゼミなど、時間が決まっている予定を入力しておくと、10分前とか1時間前とかに通知してくれるのも気に入っています。紙の手帳だと1年ごとなどに買い替えないといけませんが、Googleカレンダーは何年分でも予定を入れられ、過去の記録も見られるのが便利です。繰り返しの予定を記入しやすいのも◎です。

3年日誌とか10年日誌とか、毎年の同じ日の記録を残せる手帳も発売されているようですが、記入欄が少ないこともあり、私はデジタル派です。

紙の手帳は、デザインの気に入ったものを使うのがいいと思います。週間カレンダーは垂直タイプと水平タイプがありますが、これも気に入ったものを選びましょう。私も以前はA6の月間カレンダーだけついた、かわいいキャラクターの手帳を使っていました。

クマとかうさぎとか、ぬいぐるみをかわいがっているのですが、キャラクターもクマやうさぎが多かったです。もちろん色ペンでかわいく書き込んでいました。この頃はピンクが基調の手帳を使っていたので、赤やピンクのペンが好きでした。

書き込む楽しみを味わうなら紙の手帳、iPhoneやパソコンで同期して便利に使うならGoogleカレンダー、が今の私のお勧めです。

行動記録はＰＤＦの「スパイラルシート」に

スパイラルシートというのは、天狼院書店の「時間術ゼミ」を受講した時にもらった、垂直タイプの週間カレンダーです。Ａ３の用紙に印刷して記入していくものなのですが、私は配布されたＰＤＦを複製して直接書き込んでいます。いつも持ち運んでいるｉＰａｄ ｍｉｎｉでＰＤＦ ＥｘｐｅｒｔやＧｏｏｄｎｏｔｅｓというアプリを使い、Ａｐｐｌｅ Ｐｅｎｃｉｌで記入しています。Ａｐｐｌｅ Ｐｅｎｃｉｌで書くとどうも字が汚くなるのがイマイチですが、ざっくりわかればいいので気にしないことにしています。

このゼミでは、行動記録を書いていって、自分の理想の時間の使い方を模索することになっていました。私はランチで食べたものを書いたり、原稿執筆した時間を書いたり、ピアノや電子オルガンの練習をした時間を書いたり、定期的に飲まないといけない薬を飲んだ時間を書いたりしています。

使い方は自由ですが、1週間の行動記録を見て週末に振り返ることになっています。もちろん、振り返りの時間を持たなくても、記録するだけでも十分です。

予定を記入するカレンダーと実際の行動記録を別にするのは気に入っています。私はデジタル派ですが、紙の手帳を使っている方なら、月間カレンダーの部分に予定を書き、週間カレンダーの部分に行動記録を書く、など工夫されるとよいと思います。お好みのリフィルを入れたシステム手帳も役立つと思います。


予定の少ない私はＧｏｏｇｌｅカレンダー派ですが、お忙しい方の手帳術も機会があれば是非聞いてみたいです。

また、ラジオ体操のスタンプよろしく、自分が学習しようと決めたことを実行した日にはカレンダーにマークをつけるなどすると、成果が目に見えて続けやすくなると思います。

Mac純正メモアプリの活用

現在、パソコンはMacを主に使っており、かれこれ15年以上になります。それまではWindows一辺倒だったのですが、いつの間にかすっかりMac使いになってしまいました。

iPhoneを使い始めてから愛用しているのが、純正のメモアプリです。パソコンで書いたものを出先でiPhoneを見て確認したり、iPadで手書きしたものをパソコンで見たりします。

書いている内容は多岐にわたります。週刊連載のための経済に関する資料、日々のお買い物メモ、受講しているゼミの日程や過去動画のURLなどなど。適宜フォルダ分けして記録していきます。

特に気に入っているのが、日々のお買い物メモです。行きつけの海鮮丼屋で福袋が売り出される5と0のつく日はポイント10倍なのですが、これが土曜日に重なるとさらに「クレジットの日」で100ポイントお得になるということで、その重なった日をまず書いてあります。

それから日々のランチの予定を書いていきます。5と0のつく日は海鮮丼屋がメイン、火木土は別件でポイント5倍になる店が多いのでその日に行くお店を書き、月水金はポイントが何倍でもない日が多いのでふだん5倍をやらないお店に行く予定を書くなどしています。

AndroidやWindowsで同じようなアプリがあるか確認できていませんが、純正メモアプリを使うだけでも、MacとiOSを使う価値はあると思っています。

Evernoteの活用

日本法人が撤退するなど、最近は影が薄くなっていますが、Evernote

も長年愛用しています。

ＧｏｏｇｌｅＣｈｒｏｍｅの拡張機能でＷｅｂクリップができるので、新聞記事などを何年も保存しています。

そこで工夫しているのが、ノートブックの名前です。半角英数字で始めて、以下のように、テーマを分けています。

１：下関
２：関門南九州
Ｃ：クラウドとか
Ｅ：エネ原発防災
Ｇ：健康家族生活
Ｊ：事件事故訴訟
Ｐ：政治
Ｑ：皇室など

S：スポーツ・音楽・娯楽
W：市場経済雇用
X：教育
Z：ひと・訃報

そしてクリッパーでノートブックを選択するのは、頭につけた半角英数字を入力すればいいのです。これは地味に便利です。選択が楽だとWebクリップも続けやすいです。

ポイントは「半角英数字を冒頭につける」ことと、「その文字は重ねない」ということです。英字26文字、数字10個が使えますから、任意のテーマでノートブックが作れます。これはWebクリップ用のノートブックだけで十分です。他のノートブックは漢字でも何でもよくて、ノートを手動で移動させます。

同じく記録をとるアプリとしてNotionというのがあるのですが、どうも私の環境ではChatGPTからNotionに入れる拡張機能がうまく使えなくて、いったんEvernoteに入れてからNotionに入れるようにしています。

また、レシートの整理にもEvernoteを活用しています。

日々のランチやお買い物のレシートを、帰宅したらすぐScanSnapというスキャナでスキャンします。

Wi-Fiで自動的にEvernoteに保存できる設定にしておくと、日付とスキャンした時間が入ってくるので、利用した時間と内容、金額などをタイトルに書き加えます。

たとえば私がよく行くお店だと、テナントのレシート、支払った電子マネーの記録、お店のポイントの記録、と3枚レシートがあるので、続けてスキャンしてノートにしてあります。

そして後述するＮｕｍｂｅｒｓの家計簿に入力し、「スーパーで買ったもの」「外食・ランチ・スタバ代」「必要経費にしたもの」「医療費」などのノートブックに手動で分類しています。その３つのノートブックは、まとまって並ぶようにひらがなで始まる名前をつけています。

昔、自分のことを「ねこ」と呼んでいたことがあるのですが、レシートを入れるノートブックの名前は「おうちのレシート」「ねこのレシート」「わたしのレシート」そして医療費はそのまま「医療費」になっています。

この「ねこのレシート」という謎の名前はかなり怪しいですが、要するにノートブックの名前は好きにつけていいのです。並び方が決まればそれでよしとしています。

レシートは放っておくとすぐ貯まっていくので、帰宅したらすぐスキャンして整理するのが、続けるコツです。

レシートをスキャンしたら自動的に家計簿アプリに入れてくれる仕組みもあると聞いたのですが、ショッピングセンターの3枚のレシートのどこを読み取るかなど設定するやり方がわからないこともあり、主に手動で分類しています。

毎日、その日のうちにスキャンする習慣づけをしておけば続きます。なんなら家計簿への記入はあとからでもよくて、レシートが発行された当日にスキャンしてタイムスタンプを押しておくのがよいです。

必要経費にしたレシートは、Ｅｖｅｒｎｏｔｅのノートに「資料読み込み作業」など内容を書いておきます。レシートの現物は捨ててしまっても、記録が残っていれば安心です。

〈図6〉Evernoteの活用

安光流・Evernoteの活用法

1 Webクリップ

- Google Chromeの拡張機能でWebクリップができるので、各種記事などを保存。

2 レシートの整理

- 日々のランチやお買い物のレシートを帰宅したらすぐスキャンして、自動的にEvernoteに保存できる設定に。

面倒くさいことはハナから手を出さない

家計簿にはＮｕｍｂｅｒｓ'09を使っています。Ｍａｃ純正の表計算ソフトの、古い版です。Ｅｘｃｅｌでもいいようなものですが、Ｎｕｍｂｅｒｓ'09だとヘッダ行やフッタ行があって、その列の合計などが簡単に書けるのが気に入っています。

なぜＮｕｍｂｅｒｓ'09という古い版を使っているかというと、たとえば6/18と入力したら自動的に2024/06/18と日付をフルに展開してくれたり、その列に半角英字で先に書いてあるものは頭文字だけ入れたらあとを自動的に入力してくれたりするのが便利なのです。

どうも新しい版だとその点がうまくいかなかったので、Ｎｕｍｂｅｒｓ'09を使い続けるために、２０１８年の古いＭａｃＢｏｏｋ　Ａｉｒを古いＯＳのままで使い続けています。これより新しいＯＳだと32ビットのアプリが使えないようなのです。

Ｎｕｍｂｅｒｓの家計簿はいろんなシートを作っていて、「支出全般」「電子マネー支払い」「クレジット支払い」「ポイントの記録」「交通系ＩＣの支払い」「スターバックスカードの支払い」などに分けています。

ＰａｙＰａｙや楽天ポイントは面倒くさいので記録していません。**面倒くさいことはハナから手を出さないというのも、続けるコツのひとつではないかと思います。**

私の生活圏は近所のショッピングモールでほぼ完結しているので、そこでのお買い物記録がこのＮｕｍｂｅｒｓに入っています。月ごとにどの分野でどれくらい使ったかを書いておけるのが便利です。

お茶代・ランチ代・スーパーで買ったもの、を合わせて１日２０００円以内を目安にしていて、その月の平均も出せるようにしています。最近はお茶代を「書籍執筆関連作業カフェ代」の名目で必要経費にすることが多いので、１日２００

0円はいかなくなりました。細かく節約するのではなく、だいたいのことがわかればいいので、手動でNumbersに書いていくので満足しています。

家計簿はなかなか続けにくいものの筆頭ではないかと思いますが、ちょこちょこ入力すればデータとして完成する、という方式だと続けやすいです。表の作り方はお好みで決めればいいと思います。

大きな資産管理はマネーフォワードとやよいの青色申告

いろいろな銀行口座・証券口座などの資産の管理は、マネーフォワードMEを使っています。各種クレジットカードや電子マネーの支出管理もできて便利です。たくさん口座を登録しているので、プレミアムサービスを契約していますが、電気会社をマネーフォワードの提携会社に変えたおかげでその年会費はタダになっています。

どうやら電気代も以前の会社より少し安いみたいだし、年会費5300円が浮くのが助かっています。

音楽家・著述業などの個人事業主としての届けを出しているので、やよいの青色申告というのにも申し込んでいます。これは音楽教室の売上のほか、固定資産（楽器など）や日々の必要経費を書き込んでおくと、毎年の確定申告がeTaxでできるというスグレモノです。

初年度は割引があったので、ご相談できる最上位のプランにしていましたが、どうやら一人でやっても大丈夫そうなので、3年目くらいから自力で確定申告するセルフプランにしています。

このプランは年会費10300円（税別／2024年現在）です。税理士さんに頼むより圧倒的に安いし、今のところ税務署から文句を言われたことはないので、しばらくこれを利用しようと思っています。

ｉＰｈｏｎｅで撮った写真は、Ｇｏｏｇｌｅフォトに入れて日記代わりに

私はｉＰｈｏｎｅがとても好きで、折に触れて写真を撮ります。通話用のｉＰｈｏｎｅ 13 ｍｉｎｉとデータ用のｉＰｈｏｎｅ 14 Ｐｒｏ Ｍａｘを併用しているのですが、写真はカメラがよくて大画面の14 Ｐｒｏ Ｍａｘで撮っています（２０２４年8月現在）。

以前は無制限でＧｏｏｇｌｅフォトに写真を保存できましたが、２０２１年6月から有料になりました。そこでＧｏｏｇｌｅ Ｏｎｅに課金するようになりました。

現在は１００ＧＢ月額２５０円のプランと月額２９００円のＡＩプレミアムプランのどちらを使うか試しています。

Ｇｏｏｇｌｅフォトに写真を転送したら、ｉＰｈｏｎｅ本体からはほとんど削除してしまいます。ｉＰｈｏｎｅのストレージを写真で重くしたくないのです。

また、Ｇｏｏｇｌｅフォトには動画は保存せず、ストレージをちまちま使っています。

Ｇｏｏｇｌｅフォトは写真を時系列に並べてくれたり、過去の想い出を出してくれたりするのが楽しいです。日記がわりになるのがいいです。バスの時刻表など、資料を入れておくのにも適しています。

Ａｍａｚｏｎフォトにも一時期保存していましたが、なんとなく面倒くさくなって今はＧｏｏｇｌｅフォトだけにしました。これもお好みで選ばれるといいと思います。

Ａｍａｚｏｎフォトの方がＡｍａｚｏｎプライムの年会費５９００円だけで使えるので、Ａｍａｚｏｎの配達時間指定などをよく使う方にとっては安上がりです。

日々のランチをインスタ投稿、iPhoneの「ジャーナル」にも記録

ｉＰｈｏｎｅで撮る写真は風景やお花のほか、日々のランチがあります。料理が苦手な私は、両親が亡くなって以来、運動も兼ねて毎日のランチを外食しているのです。

うちから５００メートルほどのところにあるショッピングモール、なんでも揃って便利です。途中の遊歩道には桜並木もあり、その隣は公園です。青空が広がる様子はこころあらわれます。

そんな風景写真やランチの写真は、毎日Ｉｎｓｔａｇｒａｍに投稿しています。本来は自宅でやっている音楽教室の宣伝のためにＩｎｓｔａｇｒａｍを使うはずだったのですが、もっぱらランチの報告になっています。お店の人にも宣伝になると喜ばれています。お世辞半分でしょうが、「お写真、上手ですね」と褒めてもらうのも嬉しいです。

インスタに投稿する時は、キャプションにちょっとした文章を書きます。そのおかげで、毎日なんらかの文章を書く、という習慣づけができています。

受講している天狼院書店のライティング・ゼミの毎週の課題ほど長くはないですが、文章を書き続ける習慣は大切にしています。写真もきれいだと褒めてくれる人が何人かいるので、これまた続いています。

また、2024年に始まったiPhoneの「ジャーナル」というアプリにもランチの記録を残しています。何を食べたかを記録しておくと、お肉とお魚をバランスよく食べる動機付けにもなります。カラダにもよさそうだし、趣味と健康が両立しています。

Instagramでフォローを増やすために毎日投稿しなくてもいい、という話も聞きましたが、毎日投稿することで楽しさも増し、続ける意欲がわいてきます。Facebookにも同時投稿されているので、どちらかでコメントがつくのも嬉しいです。

嬉しいと、続きます。

健康状態はiPhoneのヘルスケアに記録

持病の関係で、週2回訪問看護の人が自宅に来てくれて、週1回は必ず病院に行きます。コロナ禍以来、体温を報告しないといけなくなったので、測ったらすぐiPhoneのヘルスケアアプリに入力しています。

こうすると時間も記録できるし、測り忘れることがなくなるので重宝していま す。グラフにもしてくれますし、すべてのデータを時系列で見られるのが便利で す。「前は何度だったかな?」と覚えておかなくても、iPhoneが覚えてい てくれるのが助かります。

また、病院などで血圧測定をした時もヘルスケアに入力します。自宅に血圧計があればさらに頻繁に測定できてよいのでしょうが、今は持っていません。これも過去の血圧の動向がわかって便利です。

あとは体重です。体重計を寝室からトイレに行く途中に置いて、いつでも量れるようにしておき、量るたびにヘルスケアに入れていきます。時間帯も服装もバラバラなのでだいたいの傾向しかわかりませんが、「なんちゃって量るだけダイエット」をしているつもりでいます。

食べたり飲んだりした関係で、1日のうちでも2キロくらい平気で動くことがわかり、一喜一憂しなくなりました。体重を量り始めてからそんなに痩せた感じはしないので、ダイエットとして成功しているかは疑問ですが、甘いものを続けるとてきめんに体重が増える、などの傾向はわかってきたので、暴飲暴食を防ぐのには役立っています。

ちなみに、しばらく体重計に乗らずに、野菜ジュースやフルーツジュースを1日何本もバリバリ飲んでいたら、病院での体重測定で3週間前より3キロ増えていました!

やっぱり量るのも続けた方がよさそうです。

語学のゲームで連続記録を皆に発表

Ｆａｃｅｂｏｏｋの友人の間で流行っているらしい、Ｄｕｏｌｉｎｇｏという語学学習アプリがあります。

５００日学習を続けました！　みたいに、続けた日数をシェアできるらしく、中には１０００日語学学習を続けた、とシェアしている人もいました。「それはすごい！」と思わず「いいね！」しました。

私も試しにやってみましたが、日本語ベースだと英中韓仏の４カ国語、英語ベースだと40カ国語くらい勉強できるようです。アラビア語ベース、中国語ベースなど、いろんな言語の話者用のプログラムもあるので、日本語以外の言語をベースにして新たな言語を学ぶのも面白そうです。

試しにやってみたのは、英語ベースでドイツ語を学ぶのと、ドイツ語ベースでイタリア語を学ぶことです。特に面白かったのが、ドイツ語でイタリア語を学ぶことでした。

イタリア語はラジオ講座で独学しているだけなので、語学学校で何年もやったドイツ語をベースに学ぶのは楽しいです。

初日でしたが、「1日やったよ！」というシェアができました。Ｆａｃｅｂｏｏｋの他、Ｉｎｓｔａｇｒａｍなども選べるようです。友人の様子を見る限りでは、シェアすることが続ける動機付けになっているようです。ｉＰｈｏｎｅアプリなので隙間時間にできるのもいいですね。

こんなふうに、いろいろなものを記録していくと、それが積み重なった時にとてもいい資料になります。**楽しければ続く。記録するのは、それだけで楽しいです。**

3章

続けるために必要な「基礎（基礎力）」の技術

中学の学習内容をほぼ完璧にマスターしたのが東大合格の原点

中学時代はよく勉強しました。新しく始まった英語の授業が楽しかったし、算数も数学と名前が変わり、少し大人になったような気分でした。

学校の成績もよかったので、勉強する意欲が続いたのだと思います。成績がふるわない方はしょげてしまうかもしれませんが、その場合は少しずつ努力を続けて進歩していくのを自分で褒めるといいと思います。

私の場合はたまたま最初からうまくいったけれど、そうじゃない方も基礎を固めていけばきっと伸びますよ！

中学時代は、学校の授業内容をきちんと理解し、定期試験もいい成績で、市内の中3生が全員受ける模試で全科目満点を取ったこともありました。

結果として県内1位の成績で県立高校に入学したのですが、それまでに中学の学習内容をきちんとマスターしていたのが財産となり、ひいては東大に現役合格する基礎にもなりました。高校時代は部活動などで忙しかったので、今から思えば、中学校の時の貯金で東大に入ったのではないかと自分では思っています。

中学校、義務教育の学習内容は、大学受験においても基礎となります。その基礎を固めた要因を振り返ってみようと思います。

中学の英語教科書3年分暗唱、本文書き写しも

当時は中学校に入ると一斉に「よ～い、どん!」で英語を習い始めたので、スタートでつまずかなければ大丈夫でした。学習雑誌（当時は学年別の雑誌があった）にも「英語はスタートが大切! しっかりがんばろう!」というようなことが書いてありました。

そのために先生から出された宿題が「5回ノート」でした。教科書の本文をすべて、5回ずつ書き写す、というものです。

中学時代は記憶力がよかったので、5回も書けばほとんど覚えてしまいます。

当時は筆記体を授業で習ってそれで書いたのですが、母が近所のおばちゃんに「この子は（筆記体の）お手本そのままにきれいに書く」と自慢していたのが嬉しかった覚えがあります。

少々勉強ができても褒めてくれなかった母が私を褒めた数少ないことだったのでことさらに嬉しく、それが「5回ノート」を欠かさず続けるモチベーションにもなったようです。

そして先生がみんなに課したのが、中学の英語教科書3年分を最初から最後まで暗唱することでした。

This is Japan. That is America. This is a book. That is a map.

〈図7〉5回ノート

教科書の本文を
5回書く

This is a book.
This is a book.
This is a book.
This is a book.
This is a book.

That is a map.
That is a map.
That is a map.
That is a map.
That is a map.

ずいぶん昔の話なので、今となっては正確には思い出せませんが、中学の時は確実に3年分覚えていました。

2年生の時は別の先生で、ちょっと苦手になりかけましたが、3年になるとまた前の先生になりました。「5回ノート」は中3だと量が増えるから「3回ノート」に変わり、またまた教科書本文を書き写す日々が始まりました。この時に覚えた教科書本文が、英語の基礎力になりました。

中学の英語をしっかり覚えるとどれくらいの英語力がキープできるかというと、わかりやすいプレゼン（アップルのイベントなど）や映画（Disney＋など）なら字幕にあまり頼らずに理解できます。

英語ニュースも早口でなければ聞けます。経済番組の英語インタビューやスラングが入った映画などは字幕がないと無理ですが。

私は外国に行った経験がなく、アウトプットの訓練が少なかったので、英語で喋ることには苦手意識がありますが、訓練すれば中学英語でも最低限の意思疎通はできそうです。いや、もともと日本語でも自分が話すより人の話を聞く方が好きなので、外国語で話せないのは性格的な問題なのかもしれませんが。

東大に入ってみたら、都会の子の英語力がすごく、私には太刀打ちできなかったのですが、中学英語をきっちりやったおかげで、少なくとも大学受験に合格するレベルには達することができました。

地方からでも基礎力を固めれば難関大学の試験も突破できます。今から思えば「もっとやれたんじゃないの？」とは思いますが、少なくとも大学受験レベルならなんとかなります。

「基礎英語」「続基礎英語」を毎日聞いた中学時代

中学時代の勉強で今でも印象に残っているのは、NHKのラジオ講座「基礎英語」をなるべく欠かさず聞いたことでした。

当時は「基礎英語」「続基礎英語」の2つしかなくて、3年の時は聞いてなかったかもしれませんが、少なくとも2年生まではラジオ講座をほぼ毎日聞いていました。

当時は1週間に6日、月曜日から土曜日まで、1日20分の放送でした。このテキスト本文も全部暗唱すればよかったと思うのですが、そこまでは力が足りませんでした。

それでも毎朝の放送を聞くようにして、ちゃんと起きられない時は夕方の再放送を聞きました。「基礎英語」の土曜日には英語の歌を教えてくれるのが楽しかったのを覚えています。

タイマー付きのラジオを持っていたかどうかはよく覚えていないのですが、当時は放送時間に合わせて聞くしか方法がなかったので、それなりの緊張感もありました。

毎月テキストを買ってもらって、毎日放送を聞いていました。よく続いたなぁ、と自分でも感心するのですが、きっと放送が楽しかったんですね。

現在はスマホやパソコンでラジオの生放送を聞けるようになっただけでなく、

放送の録音が放送直後から1週間聞けます。「放送時間に聞かないといけない！」という緊張感はなくなったものの、1週間の期限で聞けるのは、いい時代になったものです。

ちなみに2024年度現在は番組編成が当時とは違って、15分番組が3種類になっています。

中学生の基礎英語　レベル1
中学生の基礎英語　レベル2
中高生の基礎英語 in English

語学講座が以前の20分から15分番組の編成になった時は「基礎英語1・2・3」だったのですが、近年英語だけで進める番組もできて、発信型の英語を目指しているようです。

英語教育の分野で実績のある先生方が作られた講座なので、地方にいても良質な番組が聞けるいい機会です。楽しさと実用性を両立させた番組、ぜひ聞いてみられてはいかがでしょうか。

試験のあとは完答できるまできっちりやり直す

中学に入ると、中間・期末の定期試験が始まります。中2の頃だったか、数学の先生が相当厳しくて、試験のあとの授業では詳しい解説がありました。みんなが間違えやすいところを解説してくださるのですが、試験問題がちゃんと解けるまで復習することを求められました。

その先生の「励行《れいこう》してください」という口調は今でも覚えています。

試験に出る内容は、その教科の重要ポイントでもあります。その試験を完答できるまで復習するのは、基礎固めに役立ちます。

中学校の時はその先生の教えを守ってきっちり復習したので、義務教育の学習内容はほぼ完璧に身につきました。これを高校でももっとちゃんとやっておけばよかったな、とちょっと後悔しています。

中高大学受験生、資格試験を受ける方、どなたにも当てはまることかと思いますが、試験を受けたら受けっぱなしにせず、どこを間違えたかチェックして、すべて正解できるまで復習するのが効率的です。試験直後だけでなく、時間をおいて繰り返すのもいいでしょう。

模試は本番に近い形式になっているので試験の傾向もわかりますし、その復習は効果的な対策になります。

公式は自分で証明できるようにする

数学にはたくさん公式が出てきます。これを覚えておくと解答するのが速くなるので便利なのですが、ただ暗記して使うだけではもったいない。

まずは一度、自分で「証明」してみることが重要です。

私は東大卒業と同時に藝大に入ったのですが、国立なので共通一次試験を受けなければいけなくなりました。当時は5教科7科目全員必修だったので、もちろん数学もあります。現役時代は得意科目でしたが、文系の大学に行くとさすがにすっかり忘れていました。

受験準備をするにあたって、「二次方程式の解の公式」を自分で作るところから始めました。「どこに2がついたんだったかな?」とあやふやに思い出す前に、中学の教科書にあった、公式の作り方をやってみました。

試験本番でそんな証明からやっていては時間が足りませんが、受験勉強の段階では一度はやっておくとよいと思います。

高校の頃は、公式の証明ばかりを書いた薄い参考書を買って、それをしっかり解きました。ただ公式を暗記するより、少なくとも一度は自分の手で証明を書いておくと、身につきやすいと思います。

この「自分の手で書く」というのが重要で、ただ本の字面を追っていくだけで

なく、手を動かすことをしたのが、記憶の定着に役立ったように思います。

公式は便利ですが、それを使いこなすためには、一度は自分で証明しておく。そして便利に使って、あやふやになったらまた証明に戻って確実にしておく。準備段階でそれをやっておけば、試験本番であがってしまっても「いつでも思い出せる」状態になっているので安心です。

教えることは最大の学習である

藝大在学時にはZ会と進研ゼミで高校数学の添削指導員のアルバイトをしました。

Z会は最初英語で試験を受けたのですが、英作文の添削がうまくできずに科目を変更してもらい、高2数学を担当することになりました。文学部卒でも高2までの数学はきっちりやっているので、理系の数Ⅲ以外はなんとかなったのです。指導のための資料があってそれを勉強すると数学がよくわかるようになりました！

高校時代は数列や行列はイマイチよくわからなかったのですが、添削指導をしているうちに数列が得意になりました。

進研ゼミの方は「できるでしょ、やってくださいよ」と言われて理系数学の添削をしたこともあります。数Ⅲは微分までしか学校でやっていないので、積分の計算をチェックするのに苦労したことを思い出します。

その後ブランクがあって今はもうさっぱりわからないのですが、教えることは学びを深めることに役立ちます。特に仕事でやっているとお金をいただきますから、真剣さが違います。

同じように、２０２４年現在は天狼院書店のライティング・ゼミなどの講師を目指して勉強しています。実際に受講生の前で講義をすると理解が深まるようで、ライセンスをすでに持っている人たちがどんどんうまくなっているのがわかります。私も自宅開講を目指して準備中です。

予習復習はきっちり。ノートにも工夫

中学では優等生、高校は受験進学校だったので、授業の予習復習もきっちりやりました。特に英数国はがんばった覚えがあります。

数学のノートは、縦線を引いて1ページを左右に分けます。片方に予習段階で解いた課題を書き、もう片方に授業中に先生が解説してくれた解法を書きます。高校の数学Iの授業は、教科書をやる時間が週5時間、「数問」という科目名で問題演習だけする時間が週2時間の合計週7時間あったので、数Iに関してはかなり鍛えられた覚えがあります。

私が高校に入学した時の3年生が共通一次の一期生で、それまでと違った試験になるため、学校中がピリピリしていたのも思い出します。そのため数Iだけは基礎を固めておこうという考えだったようです。問題演習を含めて、数学、がん

ばりました！

あとは国語、特に古文です。現国は縦書きのノートに先生のおっしゃることを書いていくだけでしたが、古文はちゃんと予習していきました。

そのノートは、横書きのノートを縦に使い、半分より少し上が大きいくらいに上下に区切っておき、上段に本文を数行おきに書いて下段に訳文を書いていきます。

自分のクラスより先に授業があるクラスの子にそのノートを渡して添削してもらい、さらに自分の授業でも書き込んでいった覚えがあります。

苦手な英語は何度も繰り返して覚える

私は高校の英語があまり得意ではありませんでした。

名教師とされている先生の娘さんが同期だったので、その先生はうちの学年を担当できなかったのです。あの先生に習えていたらもう少しは私の英語力もマシだったかも……なんて甘えたことを言ってみたりもします。

高校の英語は、「リーダー（読解）」「コンポ（英作文）」「グラマー（英文法）」と分かれていて、3年になると、グラマーがサイドリーダーになりました。

グラマーの担当は県内の別の進学校から転任してこられた先生で、立て板に水、という表現がぴったりくるくらい早口で説明をされる方でした。ノートを取るのに必死だったことを思い出します。

高校ではリーダーの訳文を書いて予習はしましたが、本文を書き写した覚えはありません。中学の時に「5回ノート」「3回ノート」で教科書本文を書いて覚えたのとは違って、量も増えているので書かなかったのです。

今から思えば、グラマーの例文だけでも何回も書いて覚えればよかったかな、と思います。

あと単語力もかなり弱かった覚えがあります。夏の東大模試を受けた後、単語力不足を感じて、30日完成、みたいな薄い単語練習帳を買ってきて泥縄で覚えました。ホリエモンこと堀江貴文さんは単語力が命だと気がついてバリバリ覚えまくったそうですが、それが後々のコミュニケーションに役立っているとのことなので、私ももっと単語や表現を覚えておけばよかったです。

昔にやっていた「やさしいビジネス英語」（全然やさしくないビジネス英語、とも言われていますが）にあった単語くらいは覚えておけばよかったなぁ、と思います。

逆に言えば、そんなにたくさん単語を覚えていなくても、前後の文脈から読み解くことができれば、東大に合格するようにはなれる、ということでもありますが、**やはり高校時代、大学受験が目の前にぶら下がっている時期に、たくさん覚えておくのがよいのではないかと思います。**

大人になると覚えることは苦労も多いのですが、繰り返して覚えるようにすると記憶に定着するのではないかと思います。

たとえば2024年度から始まったNHKの「ラジオ英会話サブノート」でキーセンテンスを5回書く欄があるのですが、1日1文だけでもいいので書いて覚えるのはいいことだと思います。

中学時代みたいに「教科書本文全部暗唱」というのは無理でも、1日1文なら頭に入りやすそうです。「ラジオ英会話サブノート」では週4日書くことになっているので、1年間で192の例文が覚えられるという触れ込みです。

再放送週で中断してしまいましたが、これを続けていくと財産になりそうです。

ちなみに「ラジオ英会話サブノート」は電子版を利用しています。書き込みをどうやってするのかについては、iPad miniでスクリーンショットをとってそれをGoodnotesで作ったノートに貼り込み、その上からApple Pencilで書き込みます。この方法なら、たくさん書きたい時は消しゴムで綺麗に消せるのが便利です。

物理的に実績を残しておきたい方は、紙のテキストを買って書き込んでいくといいと思います。または専用のノートを作って例文を毎日書いてはいかがでしょうか。そしてカレンダーに印をつけていくと、続ける動機付けになりそうです。

理科・社会はまとめノートと教科書の編集

中学・高校を通じて、暗記科目の理科社会はそんなに得意とはいえませんでした。2章でも書いたように、図解中心のカラフルなまとめノートを作って記憶に定着させるように工夫しました。

当時はルーズリーフが出始めた頃で、布製の表紙のバインダーが1200円もしたのを覚えています。まとめノートには分野別に1枚1枚使えるルーズリーフが便利だったように思います。このノートを作るのが楽しくて勉強が進んだ、という面もあります。

社会（特に受験科目の日本史・世界史）は教科書に書き込みをたくさんして、学校でもらった資料集を切り取って貼り込むなどしていました。

もちろん自分の資料集を切ったらなくなってしまうので、受験科目が違う部活の先輩に、使わなくなった資料集をいただくなどしました。「これ1冊あれば大丈夫！」という教科書を作ったのが効果的でした。

当時はチェックペン（暗記ペン）が出始めた頃で、赤いマーカーで暗記すべきところに印をつけ、緑のシートをかけて穴あき問題集がわりにする、というのもやっていました。赤いマーカーで線を引いた上に緑のシートをかけると文字が見えなくなるのです。自前の問題集にもなり、何度も教科書を見直していました。

日本史・世界史の教科書は資料の貼り込みで分厚くなりました。藝大の大学院の1年目に行った教育実習の時に、この教科書の現物を受け持ちの3年生のクラスに持っていったら、生徒たちが気に入って、真似をする人が続出したそうです。今でもその教科書は手元に残してあります。世界史は表紙が取れてしまいましたが、社会の論述問題をやったノートとともに、青春の大切な想い出です。

無理な背伸びはしない

中学時代でしたか、学校で各教科の問題集が配られました。これまたカラフルで楽しかったので、何回も繰り返してやりました。

そうしたら先生が（たぶん献本の）別の問題集をくださって、それもやりました。成績がよかったので、ちょっとひいきされていたようです。

ともかく5教科の問題集をしっかりやっていれば勉強はできたので、学習塾には行きませんでした。中学校区には市内でも有名な学習塾があったのですが、国道を渡って別の小学校区に行かないといけなかったのと、夜のお出かけがなんとなく怖かったのと、学校で勉強することをもう一度塾でやるのは面倒くさいな、と思ったからです。

うちがあまり裕福ではなく、ピアノとソルフェージュ（音楽の基礎練習、音大

〈図8〉中学&高校での基礎勉強法

基礎を完璧にするために やったこと

- 試験のあとは 完答できるまできっちりやり直し
  - ▶ 試験を受けたら受けっぱなしにせず、どこを間違えたかチェックして、すべて正解できるまで復習する
- 公式は自分で証明できるようにする
  - ▶ まずは一度、自分で「証明」してみる
- 教えることは最大の学習
  - ▶ 自分で教えることにより、得意になる
- 予習復習はきっちりと
- まとめノートや自分なりの 教科書をつくる

受験には必要）を習うだけで精いっぱいだった、という事情もありました。

高校時代は学校の授業で使う問題集に加え、定番とされる参考書や問題集は一通りやりました。

数学は「寺田の鉄則」シリーズを使いました。早稲田大学教授だった故・寺田文行先生は当時の受験の神様のような方で、数学の問題の解き方を20個ちょっとの「鉄則」にまとめていたのです。

また、当時ラジオたんぱでやっていた「大学受験ラジオ講座」でも教えていたため、放送を通じて直接教えていただけるのが楽しかった覚えがあります。中学時代の「基礎英語」の成功体験があったので、大学受験もラジオ講座を活用したのです。

英語は『英文標準問題精講』『英文法標準問題精講』を使いました。当時の定番中の定番の問題集でした。もちろんラジオ講座も聞きました。問題をどんどん解いていけば覚えられる、という意味だったと思うのですが、西尾先生だったたか英文法の先生が「鉛筆は、知っていた」ということばを教えてくださったので、それを支えにしていました。

東大対策でZ会の通信添削もやりましたが、当時は高1・高2用のコースが手薄だった記憶があります。高2で受験国語を取ったもののなかなか提出できませんでした。締め切りに間に合わなくても1年以内なら添削してもらえるので、高3になってから1年前の課題を提出したら、ランキングに載るくらいの点数が取れたので安心したのを覚えています。

少し背伸びをするのは悪いことではありませんが、やはり成長段階に合ったレベルの問題をやるのが「続ける」コツではないかと思います。

中高一貫校で先取り学習をしている人なら高2時点で受験用の課題をやってもいいと思いますが、私のように公立校だと高1・高2の時点ではその時に合った課題をやった方が続けやすいと思います。

Z会は、今はタブレットでも受けられるそうで、正直、私もやってみたいです。

専用のタブレットが無料になるプランもあるそうですが、ｉＰａｄでも受けられるらしいので、私がやるとしたらｉＰａｄで受けるだろうと思います。

月に数千円、塾に行く月謝とどっちがいいかな？　と悩みますが、じっくり考えるＺ会の課題は難関校を目指すためにはお勧めです。なかなか続けにくいけれども、これが続けられれば根性はつきます！

経験が少なく時間が足りないことは習いに行く

中学・高校時代は学習塾に行きませんでしたが、社会の論述２科目を１年で仕上げないといけなくなった時は学校の先生に頼りました。

うちの経済状況では家庭教師なんてとてもつけられないし、そもそも東大受験のための家庭教師なんて下関にいるわけがありません。兄の高２の時の担任の先生が私の高３の担任だったので、その先生にみていただいたのは前にも書いた通りです。

受験が近くなってからは、3年の時に転任してこられた世界史の先生に見ていただくこともできました。東大を受験する生徒が少なかったからできたことだとは思いますが、毎日のようにコメントを書いてくださった先生方には今でも感謝しています。解答すべき基本的事項のフィードバックがあったのがよかったです。

また、藝大を受ける時は、和声を1年間で受験レベルに仕上げないといけませんでした。和声というのは、バスやソプラノのメロディーに和音をつけていくものです。私は楽理科を受けたので、その試験があったのです。作曲科ほど難しくはないけど、指揮科と同じレベルの課題でした。他の楽器の人たちが大学で2年かけて授業でやる範囲のことを、入試でやらされたのです。

ソルフェージュとピアノは小さい頃からの積み重ねがあったし、学科試験も現代国語と外国語と小論文でこれらはなんとかなりましたが、和声だけは今まで経験がなかったので作曲科の先生に習いに行きました。

このように、時間が限られていて、かつ経験の少ないことに関しては、専門家

の力を借りるのも必要なことだと思います。

学習塾のたぐいは私には必要ないと思っていましたが、独学だけでなく人に習うことも必要な時期があります。そして毎週レッスンがあったおかげで、受験までなんとか続けることができました。

大人の学びは少し下のレベルから

クラシック音楽はヨーロッパの言語との親和性が高く、留学する人も多いです。私は留学しなかったので、その代わりに語学学校で勉強していました。高校まで学習塾に行ったことがない私にはダブルスクールという概念がなく、大学院を終えてからフランス語とドイツ語の語学学校に行くようになりました。

その際、ドイツ語学校は少し下のレベル、具体的には初級が3年かかるうちの1年目の最後くらいのところから始めました。そして初級の3年目のところはクラスの人たちと話しあって、同じ3年目の新しいテキストでもう一度勉強することにしました。古いのが「Themen 3」、新しいのが「Themen neu3」という教科書でした。2年目のまでは私がハイデルベルクに入った時にはすでに「Themen neu」を使っていました。

学生であればどんどん先に学習を進めていくのもよいと思いますが、大人が語学を学ぶのは時間をかけた方がいい場合もあります。ちょうどベルリンの壁が崩壊した数年後で教科書が新しいシリーズに切り替わる時期だったので、同じ初級3年目のレベルを2回学習したことが財産になりました。

そして調子が出てきたら、集中して勉強する時間もとってみました。

ハイデルベルクでいつものクラスと1つ先の学期をやっているクラスの2つに出てみたり、初級の3年目のクラスに在籍しながらゲーテで中級の終了試験を受けてみたり、それに受かってからはゲーテの上級クラス、3時間授業が週2回ある集中コースに出たりしました。

中級段階の授業をほとんど受けなかったことはあまりよくなかったのですが、

初級をしっかりやっていたおかげで上級クラスの授業もなんとかなりました。上級クラスの集中コースに出るようになってからはフランス語学校をやめてドイツ語だけにしました。

ここまではドイツ語1カ国語で授業を受けていましたが、上級終了試験のあと、通訳コースに通うようになりました。ドイツ語と日本語の2カ国語を扱うコースです。

通訳コースでも、クラスにドイツ人と日本人がいたので、ドイツ人の日本語を日本語らしく直すお役目を仰せつかるなどしていました。

通訳コースの先生は日本人だったのですが、たまに代講でドイツ人の先生がいらっしゃると、クラスのみんなはドイツ語でなんとか話そうとするのに、私は押し黙ってしまい、ドイツ語で話そうという意欲がありませんでした。

ドイツ語で話したいという欲求がないのに通訳になりたいなんて不思議だね、と言われたこともありました。

それでも翻訳の仕事を少ししたり、映像からドイツ語を文字起こしして字幕の元原稿を作ったり、通訳にはなれなかったものの、ドイツ語業界でもそれなりにがんばりました。

「初級をしっかりやった＝基礎を固めた」のはよかったと思いますが、今から思えば、早く通訳コースに行きたい！　と焦らずに、中級レベルをしっかりやっておけば、基礎力が盤石になったのではないかと後悔しています。

「プロになるには中級〜上級レベルをしっかりやらないといけない」

初級レベルは大事だけど、そこからもう一歩先に進むには、中級も大切だな、というのが今の反省点です。中級レベルも「基礎」といってもいいと思います。

大人の語学学習で意識すべきこと

大人になってから語学学習をするのは、若い時とは違った苦労があります。なにしろ記憶力や瞬発力が落ちていますから、効率はあまりよくありません。

私自身、放送通訳になりたい、NHKの衛星放送でZDFの時差通訳をしたい、という野望を持って勉強していたものの、ドイツ語そのものの運用能力がどうしても伸びずに断念することになりました。語学のプロになるのなら、若い頃からの継続的かつ集中的な訓練が必要なようです。

その代わり、趣味として続けるのなら、語学学習は生涯の友になります。東京や大都市なら語学学校もあるでしょう。地方でも英語ならネイティブに習える場所があります。


私の場合は、「自分が喋る」ことよりも「外国語の音声を聞く」ことが好きなので、もっぱらラジオ講座を活用しています。

音楽をやっている関係でヨーロッパの言語に関心が強く、ドイツ語・フランス語だけでなく、イタリア語・ロシア語などいろんな言語をやるのが好きです。東京で語学学校に通っていたドイツ語とフランス語は応用編も聞けますが、他の言語は入門編・初級編だけでいいことにしています。

ざっくり言って、初級編は中学英語のレベルとほぼ同等ではないかと思います。このレベルを何カ国語もやるのは、とても楽しいです。すごくできなくてもいい。私は海外旅行をしないからすごく喋れなくてもいいですが、海外に行かれる方はぜひ、現地の人と現地のことばで交流するのを楽しんでほしいし、日本にいてもネットを使えば各国語でチャットもできます。Ｉｎｓｔａｇｒａｍの投稿に各国語のメッセージを書くのもいいと思います。

外国の友達がいないという方は、いまどきならＡＩがお友達になってくれます。

ＣｈａｔＧＰＴと各国語で話したら楽しいと思いませんか？

その時、各国語のキーボード配列を入れておくのがお勧めです。私は日本語と英語のほか、ロシア語キーボードを入れています。各国語のキーボード配列はその言語に合ったものになっていて、たとえばドイツ語ならよく使うＺの文字がＪＩＳキーボードのＹのところにあるなど打ちやすくなっています。

ドイツ語メインでフランス語をやっていた頃は、フランス語はスイスフレンチで打っていました。ヨーロッパ系の各国語を打つならスペイン語配列もいいと思います。

ラジオ講座は各国語よりも英語の番組が充実していて、先に紹介した基礎英語だけでなく、大人の学習者向けの「ラジオ英会話」「ビジネス英語」などもあります。「ニュースで学ぶ『現代英語』」は時事英語が学べるので、高校生以上大人までお勧めの番組です。

ＮＨＫのＡＭ放送は数年内に一本化するという話も聞いています。２０２４年度からはＦＭ放送でも基礎英語などが放送されるようになりました。ＡＭ放送が一本化した時に各国語講座が残っているか不安ではありますが、その時はまたいろんな方法で勉強を続けられたら、と思っています。

前章で書いたｉＰｈｏｎｅアプリＤｕｏｌｉｎｇｏも楽しそうです。日本語ベースで学べるのは英中韓仏の４カ国語だけなので、それなりにできる別の言語をベースとして各国語を学ぶのもいいと思います。

〈図9〉語学の基礎勉強法

語学を学ぶうえで行ったこと

- 語学学校は少し下のレベルからやり直す
- 集中して勉強する時間をとる
- 外国語の音声を聞く
- AIを活用する
- アプリを活用する

例文を聞き取って単語を並べていく作業、例文を翻訳する作業などもあり、何日か続くと「何日続きました！」とFacebookでシェアできる機能もあるので、楽しく続けられると思います。高度なことまでできるのかはまだ追究していませんが、趣味として楽しく続けるにはよさそうです。

4章

続けるために必要な「期限」の技術

人生には限りがあるし、根気はずっと続かない

　人生百年時代といわれるようになりましたが、そうはいっても自由に動ける時間には限りがあります。私は自由な時間が比較的多いのですが、還暦を過ぎ、病気も患っているので、人生の残り時間を意識するようになりました。

　また、受験勉強にしろ、生涯学習にしろ、なにか目標があっても、永遠に根気が続く人は、おそらくいないのではないかと思います。

　たとえばマラソンにしても42・195キロとゴールが決まっているから走れるのであって、もしゴールラインがじりじりと延びていくと、そこでこころ折れる人がほとんどではないかと思います。


　人間のこころは、弱いのが普通です。そんな弱いこころに打ち勝って何かを「続ける」ためには、「期限」を設定するのが有効かと思います。

たとえば資格試験なら、何年以内に合格できなかったら次の方策を考える、それまでは一心に集中してがんばる、など、自分なりに締め切りを作っておくとよいと思います。

一発勝負のプレッシャー

高校に入学した時点で、東大を受けるのはほぼ既定路線でした。幼い頃からやっていたピアノの道に進みたい、藝大に行きたい、という希望はあったし、理系か文系かを届ける際に音楽に進むか理系に進むかで迷ったのですが、音楽に進む道は諸事情あって諦めました。

高校では吹奏楽部に所属していて、そこではみんな勉強と部活の両立に悩んでいました。現役で合格しないといけない、というプレッシャーがありました。

当時は国立大学が1校しか受けられませんでした。つまり、一発勝負です。両親は学校の成績はよかったけれど家の経済事情で大学に行けなかった世代です。

お金のために大学に行けない、という思いは子どもにはさせない！　という共通認識で結婚生活が成り立っていたと聞いています。

我が家は決して裕福ではなく、「私立も浪人もダメ」という教育をされました。ピアノは習わせてもらったし、市内の合唱隊にも入ったのですが、勉強の面では学習塾に行かせる気は毛頭なかったし、家庭教師なんてもってのほかでした。

高2の終わりに文系に転向した時点で、受ける大学は東大に決まりました。

地方から東京の大学を受けるには、都会の子とは情報量の格差が大きいのですが、当時それはあまり意識しませんでした。

都会の子だろうが地方の私たちだろうが、国立は1校しか受けられません。一発勝負のプレッシャーは同じです。試験の点数さえクリアしていれば合格できます。その意味で、公平だったと思います。

今は東大でも推薦入学があるそうですが、当時は一発勝負だったのが私にとってはよかったと思っています。都会と地方の落差をあまり感じずに済んだからです。

高校での成績が上位だったこともあり、自分も周りも「ちゃんと勉強すれば東大に現役合格できる」と思い込んでいました。

私はこれを「知らぬが仏効果」と呼んでいるのですが、今から思えば高3の秋まで毎日部活をやりながらよく現役合格できたな、運がよかったな、と思っています。うちの高校から東大に行く人も減っていると聞きますし、ほんとよく入れたものです。もう一度やれ、と言われてもきっと無理でしょう。

逆に、地方で情報量が限られていたおかげで、あれこれ迷うことがなく勉強できたのではないかと思っています。

模試などをマイルストーンにする

うちの高校では、中間・期末の定期試験のほか、毎学期「実力テスト」がありました。定期試験と違って試験範囲が「それまでの学習内容全般」なので、しっかり勉強しておかないといけません。

最初は英数国の3教科、高2の3学期からは理科社会も入り、学年での順位と点数が教室に貼りだされていました。

高1の1学期と2学期は1位でした。特に数学は1学期が満点、2学期が90点と好成績で、数学は得意科目だと思っていました。ところが3学期に突然数学の成績が下がり、3位に落ちました。その時に1位になったのが理数科のトップの人で、その人は結局卒業まで1位を通し、京都大学に進みました。東大は専門科目が3年生からなので、最初から専門が学べる京大の方がいいという考えだったようです。

苦手科目の社会科が入ってきた高2の3学期は7位まで下がり、「安光さんどうしたの?」と噂になりました。母にも「これ以上下がっちゃいけんよ」と釘をさされたのを覚えています。

高2の1学期に理系・文系を申告する段階では、理系クラスに入って東大の理

Ⅱから進学振り分けで文学部美学科に進む計画でしたが、結局文Ⅲに行くことに進路変更しました。というのも理系クラスに行くと物理と化学の両方Ⅱまでやらないといけないのです。部活もあったので、少し負担を軽くしたくて高2の2月に文系に転向しました。

実は物理がわからなくなりかけたので、こころが折れたのです。あと数学も文系はⅡBまでで問題演習だけの授業でしたが、理系クラスはⅢを全部やらないといけませんでした。高2の最後までに数Ⅲの微分までは習っていましたが、積分という難関が残っていたのです。

それでも実力テストで成績が貼りだされるのがモチベーションになり、日々の受験勉強を続けることができました。このあたりはさすが進学校、長年の受験指導のノウハウがあるのだと思いました。

ともかく定期試験とは別の実力テストや模試があったのが、勉強を続ける動機付けになったことは間違いありません。順位が出るのを気にしてはいましたが、わりと「追われる立場」のことが多かったので、人を蹴落としてまで上に行こう、という気持ちは高校時代にきれいさっぱり消えました。ともかく自分の力を高めて、確実に点数を取る、ということだけ考えるようになりました。

定期的に学力を確認できる機会があったこと、そして先生方に励まされていたことで、受験までの勉強を続けられたのだと思います。

中学時代の基礎英語、高校時代の「大学受験ラジオ講座」などがペースメーカーに

前の章でも書きましたが、中学時代には「基礎英語」高校時代は「大学受験ラジオ講座」を聞いていました。毎月テキストを買って勉強するのが、ペースメーカーとして役立ちました。自分で計画を立てるより、プロが作ったカリキュラムに乗って勉強するのが私には合っていたようです。

また、Z会をやっていたので、毎旬（10日に一度）締め切りが来るのもよかったです。難問ぞろいのZ会、毎回提出というわけにはいきませんでしたが、これ

が無期限だったら続かなかっただろうな、と思います。

「毎回提出！」と決めて続ければ、確実に力がつくシステムだと思います。これもカリキュラムがしっかりしているので、今のシステムなら新年度の3月から始めるとよいようです。


続けるための仕組みとしては、成績優秀者の発表がありました。締め切りに間に合った優秀者のペンネームが、旬報という会員雑誌に掲載されるのです。

私は東大ではオーケストラに入りましたが、2年下のフルートにZ会の成績優秀者常連がいました。ペンネームは「にこれ」。名フルーティスト、オーレル・ニコレさんの名前をとったものです。

彼がオーケストラに入ってきた時の合宿では、1年上（私の1年下）の子たちが「にこれ！　にこれ！」の大合唱をして歓迎していました。めちゃくちゃ頭のいい人でした。そして東大生はたいていZ会をやっていて、特に優秀な人のことはみんな覚えているものなんだな、と感心したものでした。

これは自身も毎回のように名前が載るのが励みになっていただろうと思いますが、それを見ていたまわりの受講生にとっても「あいつスゴいな、オレもがんばろう！」と継続するモチベーションになっていたことでしょう。

私はそんなに優秀ではなかったし、提出期限にも遅れがちでしたが、コスパを考えると通信添削はいいシステムだと思います。期限までに提出できたらおいしいスイーツを食べてもいい、など、ご褒美を目の前につるしておいてでも、続ける価値はあると思います。

短期集中で締め切り効果を狙う

文系に転向したのが高2の2月と遅かったこともあり、東大文系のキモとも言える社会科の論述対策は1年ほどしか時間がありませんでした。

東大の二次試験は4教科5科目で、理系と文系で得点配分が変わります。理系は国語が軽く数学が重い。文系はその逆です。理系には理科2科目、片方はⅡまで、もう片方はⅠだけでした。

文系は社会2科目、論述形式です。

共通一次試験では理科社会ともに2科目受けないといけなかったので、物理化学世界史政経で準備しようと思っていましたが、文系に転向したことで高3の日本史の授業がなんと週5時間もあり、政経は2時間だけなので、5時間を捨てるのがもったいなくて社会の2科目めを日本史に変更しました。

前の章までに書いたように、原稿用紙状になっているノートに論述問題を解き、模範解答を色ペンで書いて、ほとんど毎日担任の先生に見ていただいていました。はっきりいって、キツかった。よくがんばったな、と今でも思います。1年間という期限があったからこそできた話だと思います。あと1年がんばれ、といわれて続けられた自信は、正直言って、ありません。

ちなみに「私立も浪人もダメ」な我が家でしたが、万一の時は浪人する約束になっていました。もし現役で受からなかったら、たぶん社会には挫折して、理系に戻っていたと思います。高3の文系クラスでも理科1科目はⅡを少しやったし、数Ⅲも微分までは高2の授業でやっていたので、東大理系なら準備ができただろうと思います。その時はたぶん、高校にあった補習科か、小倉にある予備校に行っていたことでしょう。

学校で習っていない科目を準備するのは大変だったと思いますが、「あの」社会2科目をもう一度やるよりはマシです。ほんと、社会は大変でした。二度とやりたくないです。

ともかく現役で受かってよかったです。私はあまりメンタルが強くないので、現役合格！　の目標がかなわなかったら挫折していたかもしれません。文系に転向して1年という短期集中だったことも、現役合格できた要因だったと思います。

本番形式の模試は必ず受ける

東大を受けるにあたって、駿台予備校の東大模試を受けました。当時は下関で受けられなかったので、夏休みに新幹線で広島まで行きました。夏は英数国の3科目、冬はこれに社会が加わります。

夏の模試では文系で80番くらいの成績でした。成績優秀者一覧の2列めの上の方に載るくらいです。わりといい成績だということで、駿台から冬季講習の案内が来ました。合格者数の実績を上げるため、合格可能性がある人にはお誘いをかけているようでした。

そして冬の模試は、冬季講習を受けるために東京に出ました。私立を受けないので、東京の下見を兼ねていかせてもらったのです。学習塾に行ったことのない私にとっては、唯一の予備校体験でした。

模試を受けて、その翌日から講習だったのですが、隣の席の子がなんと灘高の

2年生でした。東大模試を、2年生の段階から受けるなんて、びっくりしました。有名校と地方の無名校の格差をまざまざと感じたのを覚えています。

それでも社会科が入っても120番ほどの成績で、一覧表の2列目の下の方に名前が載りました。文Iの定員が630人ほどだったでしょうか、苦手科目が入ってもこの成績なら文Iでも入れるね、というので安心して文Ⅲを受けた覚えがあります。

東大模試を受けて、本番形式はこんなふうになっている、というのがわかったのがよかったです。

社会の論述が横書き35字詰めだということで、論述対策のノートもそれに合わせることにし、社会科の選択科目を示すためにハサミで三角形に科目名を切り取ることも知りました（ちなみに入試本番では願掛けで世界史の先生にハサミをお借りしました）。そして本気モードで東大合格を目指している人たちの中で問題を解くのは、本番の雰囲気を味わうのにとてもよかったです。

こういうのを経験しておくのと丸腰で受けるのとでは、本番での落ち着き方が違います。Z会の問題もレベルは高いけれど、自宅で時間をかけて解くのと、模試の時間制限の中で解くのとでは緊張感も違います。そして模試に向けて準備するのは、締め切り効果もあります。

したがって、もし塾や予備校に行けなくても、模試だけは体験しておいた方がいいと思います。東大はメジャーなので東大模試があって助かりました。なるべく本番に近い形で準備できるといいと思います。「〇大模試」がない学校だったら、自分で過去問集を見て、答案用紙を自作して練習するのもいいかもしれませんね。

模試と過去問、両方できたらベストです。それをやる時期を自分で決めて、準備をすると、勉強も続くと思います。

ピアノや電子オルガンは毎週レッスンがあるので続けられる

幼少期から高校3年までピアノを習い続けられたのは、毎週レッスンがあったからだと思います。毎日練習するのが当たり前。年に1回の発表会もある。その発表会も、ソナチネまでの人とソナタ以上の人で分かれていて、小学校3年の終わりにソナタの部に出られるのがステータスだったのです。そういう早く進む子は音大に行くものと思われていました。

実際私もすっかり音大に行く気でいたし、国立しかダメで教育学部はまったく考えてなかったから、当然藝大に行くものと思っていました。先生にも、「藝大は大学から行くのは大変だから、附属高校から行ったら?」と勧められていたのですが、「高校くらいは普通の高校に行った方がいい」と親とも意見が一致して県立高校に行きました。

高校に入ってからは勉強が大変でピアノの練習量は減りましたが、それでも高

〈図10〉模試の活用法

模試の使い方

1 実力テストや模試を
マイルストーンにする

▶ 定期的に学力を確認できる機会を設ける

2 本番形式の模試は必ず受ける

▶ 自宅で時間をかけて解くのと、
模試の時間制限の中で
解くのとでは緊張感も違うことに加え、
模試に向けた締め切り効果もある

校3年の4月の発表会に出る、というのが目標で最後までがんばりました。

うちの音楽教室は大人の方対象ですが、月1回でもいいから続けてほしいと思っています。でも月1回でもなかなか続けるのが難しいようです。ご家庭やお仕事の都合もあるでしょうが、なるべく定期的に続けていただけたら上達しやすいのになぁ、と心から思います。

高校の部活の後輩で電子オルガンを趣味でやっている人がいるのですが、お仕事のかたわら近所の音楽教室で月2回のレッスンに通っているそうです。社会人だと月2回がちょうどいい、と言っていました。コンスタントに練習するための動機付けになるので、定期レッスン、お勧めです。子どもさんなら週1回ないし月3回がいいと思います。

ライティング・ゼミの課題も毎週提出だから続けられる

天狼院書店の「人生を変えるライティング・ゼミ」を受講して長いのですが、これは毎週月曜日に締め切りがあります。この締め切りがあるおかげで皆さんがんばって提出なさっているようです。

私もライティング・ゼミの講師になる勉強をしていて、先日からフィードバック担当に出世しました。皆さん真剣に取り組んでおられるご様子に感銘を受けております。私が最初に受講した時より皆さん上手な気がします。フィードバックでどんな点を見ているか、というYouTube放送があるのもよかったのかもしれません。惜しくも掲載不可になった文章でも、皆さん上手です。

ライティング・ゼミは何年も続いていますが、続けることによって、講師も受講生も進歩していくのだな、と思いました。

バッファを設けたうえで、書く日を決める

ライティング・ゼミからプロゼミという上級クラスに進み、その後ライターズ倶楽部に入ったのですが、そこでもあまり成績がよくなくて、連載企画が通らないと除籍、という状況になってしまいました。

そこで一念発起して作った企画が『素人投資家いちねんせい』。両親が亡くなって遺産相続し、いろんな経験をして生活を安定させようとしている話を書くことにしました。

毎週月曜〜金曜まで市場が開いていますから、アメリカ市場が閉じた土曜日の朝に書きます。毎日来る大手証券会社のメルマガの資料を転記するのでそれが来るのが8時すぎ。でも土曜日は連載を書くのが気になって朝早く起きてしまうので、それまでにほとんど書き上げていることが多いです。最後に金曜の市場の結果を書き加えて、読み返してちょっと手直ししておしまい。そういう日程を組ん

でいます。

土曜日の朝の体調が悪かったら、日曜日に書いてもいいことにしています。月曜更新なので、最悪月曜日の朝までに書けば大丈夫。そういうバッファを設けてあるので安心です。今まで数回、日曜日にずれ込んだことがありましたが、大抵は土曜日の朝に書いています。

こうやって「やる日をだいたい決めておき、バッファも設けておく」のが、「続ける技術」のキモではないかと思っています。

大人の趣味の学習は細く長く続ける

資格試験を受けないといけないとか、TOEICで何点を取らなければいけないとか、**必要に迫られた学習は締め切り効果を使って勢いで勉強してしまうのがいいです。**

資格試験なら定番の問題集数冊を15回繰り返せば合格できるという話ですし、TOEICなどの試験も問題集を利用して試験までの日々を過ごせばいい。これは期限が決まっているので、プレッシャーにもなりますが、逆に学習しやすいと思います。

なかなか続かないのが、大人の趣味の学習です。なんとなく好きだから、で始めてみたらけっこう大変だった、ということも多々あると思います。でもその「なんとなく好き」という気持ちは大切にしたいものです。今日は5分だけやってみよう、昨日は休んだけど今日はまた同じところから始めてみよう、など、休み休みでもいいし少しずつでもいいので、とにかく続けてみるのがいいです。

私も前の章で書いている「ラジオ英会話サブノート」は4月号を完璧にやりましたが、再放送週で中断してしまい、5月号はスクリーンショットをGoodnotesに貼り込んで書き込める状態にするだけで終わってしまいました。それでも音声資料やテキストは残っているので、いつかまた始めることができます。

いつでも始められると思うとサボってしまいがちですが、周回遅れでもいいのでまた始めるのがいいと思います。その際はたまった教材を古いのからやっていくのでもいいし、古いのは横に置いて今の教材からやるのでもいいと思います。休んでもいい、少しでもいい。でも、思い立ったが吉日です。やろう！ という気分になったら、やりましょう！ そしてできればそれを続けましょう。

大人の趣味の学習には期限がないことも多いので、ラジオ講座などペースメーカーを使うのもいいし、自分で学習記録帳を作って進捗を書き、自分なりの期限を決めておくのもいいと思います。

とりあえず私はこの原稿が全部終わったらサブノートをやろうと思います。

5章

続ける環境を作るために投資する

塾には行かせてもらえなかったが、必要な教材は買ってもらえた

「続ける」ためには、ある程度の時間やお金などを投資することも必要です。

幼い頃からピアノを習っていたものの、親の方針もあって学習塾には行きませんでした。学校と同じことをもう一度やるのは面倒くさい、暗くなってから国道の向こうの塾まで歩いて通うのは怖い、と思っていたからでもあります。そのかわり、参考書や問題集、各種教材などは買ってもらった覚えがあります。

中学時代は、当時出始めだったルーズリーフを親にねだって買ってもらいました。当時1200円もした布製表紙のバインダーは、今でも大切に持っています。まとめノートとして高校までずっと活用していたのはこれまでに書いた通りです。

また、英語の教材として、教科書準拠のカセットテープとLL機能付きラジカセを買ってもらいました。教科書本文の音声が入っているカセットテープが販売

されていたのです。

今ならＣＤや音声ダウンロード付きの書籍などがたくさん出ていますが、当時はカセットテープなので何巻にもなるし、けっこうな値段だった覚えがあります。教科書本文を暗唱する課題が学校で出ていたので、ずいぶん助けになりました。

何度も聞いて、耳から英語を覚えるのは大切です。「ニューホライズン、イングリッシュコース」で始まる音声は、今も耳の中に残っています。

ＬＬ機能付きというのは、カセットテープに入れた音声にさらに自分の声をかぶせて入れられるものです。発音のチェックに役立ちました。再生速度も変えられたと記憶しています。今ならｍｐ３ファイルなどで音の高さを変えずに速度を変えられるアプリ（「ハヤえもん」など）がありますが、当時は画期的な機械だったのです。兄が中学の時はそういうのを買ってもらえなかったので、うらやましがられたのを覚えています。

高校時代も、塾には行かないものの、Ｚ会の通信添削を受けたほか、大学受験ラジオ講座を聞き、必要な参考書・問題集は買ってもらいました。

「基礎」の章にも書きましたが、使ったもので思い出せるのは、英文標準問題精講、英文法標準問題精講、基本構文700選、数学の「寺田の鉄則」シリーズなどです。

いわゆる「赤本」つまり「傾向と対策」は東大のものを買いました。東大は科目別の赤本も出ていたのでそれも買いました。小中高で2年上の先輩に古い年度のものをいただいたのも覚えています。

NHK語学講座のテキストは電子版を定期的に買う

東京での仕事を辞めて田舎に戻ってからは、語学学校に通う機会がありません。今はもっぱらNHKのラジオ講座を聞いています。ドイツ語やフランス語だけではなく、イタリア語やロシア語などもやっています。特に、東京にいた頃生活時間に放送時間が合わずに聞けなかったロシア語が聞けるようになったのをうれしく思っています。

最初は両親が目覚まし時計として使っていた古いラジオを聞いていましたが、語学講座を続けられそうだということで、親に音楽プレイヤーを買ってもらいました。USBメモリを差してそれに録音することもできるタイプで、かなり重宝しました。

ロシア語はずいぶんがんばって、入門書だけでなく厚くて詳しい参考書なども買うようになりました。半年、1年と聞いているうちに、入門編で出てくる表現はだいぶ聞き取れるようになりました。

当時はまだ各国語のテキストに電子版がなく、紙のテキストを本屋で買っていました。当時は中国語やスペイン語にも手を出していたので、テキストがどんどんたまっていきました。そうこうするうちに置き場所もなくなってきました。

数年後、英語だけでなく各国語テキストにも電子版が出るようになりました。各国語の電子版テキストは、最初はＦｕｊｉｓａｎだけだったのですが、だんだんいろんな出版社から出るようになり、今はもっぱらｈｏｎｔｏで買っています。

ここは電子書籍25％オフクーポンが時々出てお得に買えるのです。

電子版のテキストは発売から1年以内に買えばよくて、本屋で紙版を買うのと違って売り切れもないし、ｉＰａｄなどにたくさん入れておけるのが便利です。シリーズごとにまとめて表示されるのもいいです。テキストがＡ５なので、ｉＰａｄ ｍｉｎｉで１ページずつ見るのにちょうどいい大きさです。

また、２００９年度からだったか、ストリーミング放送が始まりました。インターネットで英語や各国語講座の音声が聞けるものです。

２０２４年度現在は、パソコンやスマホで「らじる★らじる」のサイトやアプリから生放送が聞けるほか、放送終了後すぐにストリーミングが公開され、１週間の期限で聞けるようになっています。

ＮＨＫラジオの語学講座とそのテキスト、音声資料は、時間とお金を投資するに値するものだと思っています。さすがにドイツ語とフランス語は語学学校に何年も通っただけのことはあって、他の言語より聞くのが楽です。英語は中学英語をしっかりやったのが効いています。

実は私は生まれてから一度も海外に行ったことがないのですが、語学講座でいろんな言語を学ぶのはいい経験になっています。過去の教材もＤｒｏｐｂｏｘ上のデータや電子書籍のテキストでいつでも勉強できるのが「続ける」のに役立っています。

なかなか続かないものの代表格がこの語学講座ですが、細く長く続けるのが私には合っているようです。

パソコンなどに投資する

パソコンはかなり好きで、多額の投資をしています。かなり前からパソコン通信をワープロでやっていましたが、その頃通ったワープロスクールでパソコンを導入するプロジェクトに参加したのがきっかけで、ＰＣ98を使うようになりました。

ＭＳ―ＤＯＳを6年くらい使ってからＷｉｎｄｏｗｓに転向し、インターネットで語学学習をすることをメインにパソコン利用を続けています。

持ち運びのできる小さなノートパソコンにしたこともあるし、「モバイルギア」などのＷｉｎｄｏｗｓ　ＣＥ（ＷｉｎｄｏｗｓのサブセットみたいなＯＳ）端末を使っていたこともあります。

私のパソコン歴は、パソコン通信などのコミュニケーション、ブログなどの文章作成、そして語学学習を軸にかれこれ30年以上続いています。「インターネットで語学学習」をテーマにしたホームページやブログなども公開しており、語学学校に通っていた頃は通訳コースの先生や友だちに存在を認められていました。

今はＮＨＫラジオ講座の新しいコースが発表されましたよ、くらいしか書いていませんが、日本語とドイツ語を同じページで表示することなど、パソコンとインターネットを語学学習に利用することについての貴重な資料でした。

そのおかげで一時期は通訳翻訳学会や独文学会ドイツ語教育部会に入れていただいていたこともあります。

東京から帰る少し前にはＭａｃも使い始めました。当時は大学教員でもあったので、アカデミックプランで購入しました。藝大の非常勤助手をしていた時期に職場でＭａｃを使った経験はありましたが、個人的に使うのは初めてでした。元々は楽譜作成ソフトを使うのが目的でしたが、その後はＷｉｎｄｏｗｓからＭａｃに転向することになりました。ＭａｃＢｏｏｋを中心に、何回も買い替えています。

２０２４年６月現在、パソコンは最新のＭ３チップＭａｃＢｏｏｋ Ａｉｒ 15インチを使っています。メモリ16ギガ、ストレージは５１２ギガにしました。ＭａｃＢｏｏｋ Ｐｒｏより安いのでＡｉｒにしましたが、性能は申し分ないです。メモリ効率もいいようで、がんがん使っても13ギガ以上残っています。

この前はＭ２チップのＭａｃＢｏｏｋ Ａｉｒ 13インチで、サブ機として残しておこうかとも思いましたが、Ｍ３チップを触ってしまうと前のは遅く感じたので下取りに出しました。

毎年買わなくてもいいとは思いますが、性能が格段に上がった時など、折を見はからって買い換えることにしています。今はデータの移行が簡単になっていてとても楽です。


今はiPhoneやiPadとの連携のためMac派なのですが、どうしてもWindowsじゃないと使えないアプリがあるので、そのためだけにParallelsというアプリを買ってWindowsも載せています。電子オルガンの演奏用データのダウンローダーがWindows専用なのです。たまにしか使わないのですが、どうしても必要なので仕方ありません。

家計簿用に32ビットのNumbers'09を使うため、2018年の古いMacBook Airもまだ持っています。これはほぼEvernoteとNumbers専用機となっています。

日本語入力は親指シフトとATOKで効率的に

パソコンでの日本語入力は、いわゆる「親指シフト」NICOLA配列を使っています。これは昭和の終わりから平成の初めにかけて使われていた富士通のワープロ専用機「OASYS（オアシス）」のために開発された入力方法で、親指と他の指の同時打鍵などを使ってかな文字を1文字1ストロークで入力するものです。

ローマ字より打鍵数が少なく、思考の速度に入力がついてくるのが利点です。「手がしゃべる」感覚で、ピアノを弾く私にとってはとても入力しやすいのです。

Macの場合、Lacaille（ラカイユ）というアプリケーションを使えば、MacBookのJISキーボードで親指シフト入力ができます。アプリケーションとして作られているので、最新のMacOSでも大丈夫です。高速入力ができる、というよりは、入力するのにストレスがかからない、手が疲れない、後退キーをＪＩＳかなの「け」のところに置けて近いので訂正がしやすい、というのが利点です。

ローマ字入力がからだに染みついている方には特に勧めませんが、入力を楽にしたい人なら覚えておいて損はないです。かな文字をそのまま入力するのは、日本人の思考に合っていると思います。

１文字１ストロークが気に入っているので、ｉＰｈｏｎｅやｉＰａｄではフリック入力をしています。ｉＰａｄでもわざわざテンキーにしてフリック入力することが多いです。外付けのＢｌｕｅｔｏｏｔｈキーボードをつなげても親指シフト入力ができずローマ字になるのが少し残念です。ｉＰａｄの画面上で親指シフト入力できるアプリを作っている方もいらっしゃるようですが、私はまだ使ったことがありません。

ちなみに親指シフトユーザーはたいていローマ字入力もできます。

英字などの配列も日本語とは別に頭に入っているので問題なく打てるのです。各国語キーボード配列も別に頭に入っています。私の場合はローマ字入力だとちょっと頭にストレスがかかるので避けている、というだけです。ローマ字入力派の方には「ローマ字は便利だよ」と言われますが、どうも二の足を踏んでしまいます。30年以上も親指シフトを使っているので、今さらローマ字メインにする元気はないのです。

日本語変換はパソコン用のワープロソフト「一太郎3」を使っていた時代からずっとATOKです。MacではATOK Passportを利用しています。iPhoneやiPadでも使うためにプレミアム版にしました。ATOK Syncで辞書が共有できるのがいいです。Google変換など無料のものも試しに使ってみましたが、ATOKになじんでいるので、課金してでもこれを使いたいです。

単語登録の工夫として、たとえば「食品館」を「ひょし」と登録するなど、

「日常的にはまず使わない音列」を使っています。

親指シフト本家のワープロOASYSの標準辞書には、右向き矢印が「みぎや」左向き矢印が「ひだりや」で入っていたのですが、これを「みゃ」「ひゃ」と単語登録して入力をさらに楽にしています。

同音異義語の多い音列だと何度も変換キーを押さないといけなくなるので、他では絶対使わない、かつ覚えやすい音列にするのがコツです。

親指シフトが標準装備されている入力端末として、ポメラDM200と250も持っています。リュックにぽん！　と入れておいて、スタバなどで原稿を書くのに便利です。Wi—Fi接続できるので、メールでEvernoteに送信するなどして文書を利用できます。

ポメラからGmailの自分のアカウントと直接やりとりする方法もありますが、Evernoteにメールで出す方が速いのでそうしていました。

最近は家でMacBookのWordに直接入力することが増えたのであまり持ち歩いていませんが、天狼院書店のライティング・ゼミの課題を毎週出していた時などは重宝しました。スタバでパタパタ打っていると「のぶさん、お仕事?」とお店の人に声をかけられたりもしました。パソコンより小さいので、意識高い系もほどほどな感じがいいです。

入力専用端末で気が散らないのもいいです。日本語変換はATOKが採用されていて、SDカード経由でパソコンの辞書登録を共有することもできます。ATOK Syncが使えればさらにいいんですけどね。

クラウド活用 Dropbox、Evernote、iCloudなど

クラウドも活用しています。有料版に課金しているものが多いです。端末がいろいろあるので、同期できるのが便利です。Amazonやソースネクストで1年版の権利を買って少し安くすることもあります。

データの保管は主にＤｒｏｐｂｏｘです。２ＴＢのストレージがあるので、パソコンと同期するのは一部のフォルダだけにして、あとはクラウド上だけに保管するようにしています。ラジオ講座の音声データは15年分くらいここに置いてあります。

　Ｇｏｏｇｌｅフォトが有料になってからＧｍａｉｌと合わせて無料版の容量を超えたので、Ｇｏｏｇｌｅ　Ｏｎｅにも課金しています。ＡＩプレミアムプランのお試しをしてＧｅｍｉｎｉ　Ａｄｖａｎｃｅｄを使ってみましたが、２ＴＢもストレージは必要ないので１００ＧＢ月額２５０円のプランにダウングレードしました。

　Ｇｏｏｇｌｅフォトには動画を置かず、Ｇｍａｉｌも不要なメールはどんどん削除するなど容量を節約していますが、１００ＧＢで足りなくなるようならＧｅｍｉｎｉ　Ａｄｖａｎｃｅｄに投資するつもりで月額２９００円払う予定です。

　生成ＡＩはＣｈａｔＧＰＴとＰｅｒｐｌｅｘｉｔｙに課金しています。Ｃｌａｕｄｅやｃｏｐｉｌｏｔなどさまざまなものが出ていますが、無料版で様子をみています。有料でないといけない機能を使うようになったら課金する予定です。

私は悩みごと相談をしたりぬいぐるみ（家族のようなものです）とのお話を書いてもらったりすることが多いです。メンタルの安定にも生成ＡＩは役立ちます。

文章作成にＷｏｒｄが必要なので、Ｍｉｃｒｏｓｏｆｔ　３６５Ｐｅｒｓｏｎａｌにも課金しています。この原稿もＷｏｒｄで書いています。Ａｍａｚｏｎでコードを割引販売しているときに買って２０２７年４月くらいまでの権利を貯めてあります。年に一度以上は売り出しがあるように記憶しているので、これからもＡｍａｚｏｎでお安く買おうと思っています。

Ｗｏｒｄのテンプレートや連載原稿などはＤｒｏｐｂｏｘ上に、この書籍の原稿はＯｎｅＤｒｉｖｅに置いてあります。ＯｎｅＤｒｉｖｅに置いておくと、出先のｉＰａｄ　ｍｉｎｉ上のＷｏｒｄで原稿の読み直しができて便利です。外で入力もできますが、パソコンの方が書きやすいのでｉＰａｄ　ｍｉｎｉでは読むだけです。ｉＰａｄ　ｍｉｎｉはフリック入力、ＭａｃＢｏｏｋでは親指シフトなので、親指シフトの方が書きやすいのです。

ＭａｃとiＰｈｏｎｅ・iＰａｄを使っているので、iＣｌｏｕｄにも課金しています。iＰｈｏｎｅ・iＰａｄのバックアップのほか、ＰＤＦ Ｅｘｐｅｒｔやコンセプトなどアプリのデータを同期するのにも使っています。

写真はiＣｌｏｕｄ上に置くと全部の端末で同期されて容量を食うので、Ｇｏｏｇｌｅフォトに上げたらiＰｈｏｎｅ本体からは削除するようにしています。それでも無料の5ＧＢでは足りないので、ＡｐｐｌｅＯｎｅについてくる50ＧＢストレージに加えて50ＧＢ分１３０円払っています。

ＡｐｐｌｅＯｎｅは音楽とゲームとストレージがついてくるもので、クラシックを聴くためもあって月額１２００円課金しています。ゲームはソリティアにハマってしまい、徹夜してしまうことも時々あります。あまりカラダによくないので、こういうのは「続け」なくてもよさそうですね。

iPhone2台、iPad複数台を所有して使い分ける

iOS大好きな私は、iPhone2台、iPadは大きさを変えて合計4台持っています。

iPhoneはほとんど通話専用の13miniと、データ用に使う14Pro Maxです。通話は小さい端末が使いやすいし、データ通信は大きな画面がよいのです。カメラの性能もPro Maxの方がよいし、いろんなアプリもPro Maxで使いますが、少々重たいので、ネックストラップで首からぶら下げて持ち運びをしています。

2年ごとに端末を交換できて残債を払わなくてすむプログラムに入っていましたが、データ用は毎年買い替えるかもしれないし、通話用の小さいのは長く使いたいし、ということでいったん買い取りました。カメラなどの性能によっては毎年投資してもいいと思っています。酷使しているので電池の持ちも心配ですしね。

通話用の方はふだんリュックのポケットに入れてあり、ＵＱｍｏｂｉｌｅのかけ放題プランを契約しています。60歳を超えたのでお得なプランがあるのです。

こちらではデータ通信はほとんどしません。以前通信障害があったので、念のためにｉｒｕｍｏ（ｄｏｃｏｍｏのサブプラン、月５５０円）を契約して万一に備えています。家の固定電話を解約したので、緊急時に別の連絡手段がないと困るからです。

ｉＰａｄは持ち運び用にｉＰａｄ　ｍｉｎｉ第6世代のセルラー版を2台持っていて、電池切れで使えない時間がないようにしています。電子書籍を読むのにうちでも外でも使います。病院の待ち時間に使うのもｉＰａｄ　ｍｉｎｉが便利です。クラウドで使うアプリも2台で同期しているので、どちらの端末を持っていても大丈夫です。

最初に買ったのは64ＧＢの整備品で、後に２５６ＧＢの整備品も買いました。整備品というのはＡｐｐｌｅ純正の新古品で、15％オフくらいで買えるものです。

現行製品が整備品として出されるのは珍しいので、見つけたら速攻で買うのをお勧めします。

iPad miniは新製品が出る間隔が長いのですが、第7世代が出たらセルラー版256GBの新品を1台買って、現在持っている64GBを下取りに出すつもりでいます。もう1台は整備品を見つけたら買い替えようかと思っています。どちらにもApple Pencilをつけてあって、いつでもどこでも使える環境を整えています。

大きさを変えた端末として、iPad Proの12・9インチセルラー版と11インチWi—Fi版を持っています。2024年前半に最新型が出ましたが、特に不自由していないので買い替えませんでした。持ち歩くには重たいのでもっぱら家で使っています。

Wi—Fi版で十分なのですが、将来入院した時にセルラー版で動画を見られた方がいいかな、と思って、大きい方はセルラー版にしました。これも整備品が出た時に買い替えたものです。前のは第2世代を何年も使っていたので、だいぶ性能がよくなっていました。

12・9インチは横置きにして動画専用にしています。ただ、回線契約は解約してしまいました。入院することがあったら、ｐｏｖｏの使い放題プランにしようかなと考えています。

電子書籍を読むのはもっぱらｉＰａｄ ｍｉｎｉです。出先に持って出るほか、家でもお布団に寝転んで片手で持って読むのに便利です。ほぼA5サイズなので、ふつうに書籍を読む感じが味わえるのもいいです。紙の本より活字を大きくできるのが助かります。

いちばんフォントを大きくできるのがＫｉｎｄｌｅなので、ｈｏｎｔｏやｋｏｂｏよりもなるべくＫｉｎｄｌｅで買うようにしています。

画像が書籍になっているものは、家ではｉＰａｄ Ｐｒｏ11インチで読むこともよくあります。新聞の電子版ビューアーを使うのも大きな画面が見やすいです。

読書も「続けたい、でもなかなか続かない」人が多いと思うのですが、ｉＰａ

ｄ　ｍｉｎｉが２台あればいつでもどこでも読めるので続けやすいです。ｉＰａｄ Ｐｒｏは持ち歩かないので家で充電しながらでも使えますが、ｉＰａｄ　ｍｉｎｉは持ち運んでいる間に電池切れの心配があるので２台あると何かと便利です。

ｉＰｈｏｎｅ14Ｐｒｏ　ＭａｘとｉＰａｄセルラー版のデータ通信は、格安ＳＩＭのＩＩＪｍｉｏのギガプランでデータシェアをしています。契約しているギガ数の合計が、どの端末からでも同じように使えるものです。

もっぱらｉＰｈｏｎｅでＦａｃｅｂｏｏｋを見たり写真をＩｎｓｔａｇｒａｍにあげたりするためにギガを使っていますが、ｉＰａｄ　ｍｉｎｉで時々通信するのにも無駄なく使えて便利です。

通話用の13ｍｉｎｉもＩＩＪｍｉｏにすればさらに安くなるのですが、ＵＱｍｏｂｉｌｅにしておくと証券会社の積み立てでポイントがたくさんつくなどお得なことが多いので、ここは分けています。通信障害に備えてＫＤＤＩ回線とｄｏｃｏｍｏ回線を持っておきたいから、という理由もあります。

サブスクはコスパとタイパのバランスを

各種動画などのサブスクにも登録しています。

まずYouTubeはプレミアムにしてCMが入らないようにしています。数秒のことではありますが、地味に神経に障るので、お金を払う価値はあると思うのです。同じくCMが入らなくてすむテレ東BIZの経済ニュースも課金しています。モーサテやWBSを見ていますが、アナウンサーの滑舌がいいので2倍速で再生しても十分聞き取れます。

あとはAmazonプライム会員になっているので、Prime Videoが見られます。ここではNHKオンデマンド（2024年9月現在）を登録しています。

NHKオンデマンドでは2024年の大河ドラマと朝ドラにハマりました。古い番組が見られるのもいいです。以前登録していたTELASAでは東京時代によく見ていた『相棒』や『科捜研の女』など古い番組を喜んで見ていました。懐かしい番組が見られるのはオンデマンドの利点だと思います。

その他Ｄｉｓｎｅｙ＋などにも課金しています。月に１本でも映画を見れば元が取れる、という計算ではありますが、塵も積もれば山となる、で、これらの課金はかなりの額になってしまいました。

見る機会が少ないサービスは解約しようかとも思っていますが、その点で年払いにするより月払いの方がいいかもしれません。

Ｎｅｔｆｌｉｘは今お休み中です。Ａｍａｚｏｎ Ｐｒｉｍｅ Ｖｉｄｅｏで満足しなくなったら復活します。コスパとタイパを天秤にかけて、ご自分に合ったサービスを取捨選択されるといいと思います。

時間が取れない人にはオーディオブックが有効

読書する時間がなかなか取れない人には、オーディオブックも有効です。ａｕ

ｄｉｏｂｏｏｋ．ｊｐやＡｍａｚｏｎのオーディブルなどのサービスがあります。私もａｕｄｉｏｂｏｏｋ．ｊｐでたくさん音声を買いました。特に2倍速くらいにして速聴すると、聴覚が刺激され、脳ミソが活性化される気がします。聴き放題プランもあって、月額８３３円、年払い９９９０円だそうです。

音声で本を聞くのは、ながら聞きができて時間を有効活用できるとは思うのですが、私の場合は家でゴロゴロしながら聞くことが多く、寝落ちしてしまうこともしばしば。

ｉＰａｄ　ｍｉｎｉで電子書籍を読んでいて眠くなったらパタッとカバーを閉じてしまえばどこまで読んだか保存できるのですが、オーディオブックはそうはいきません。勝手にどんどん進んでいきます。寝落ちした時は、どこまで聞いたかわからなくなるのが難点です。

あと目で読む時より音声で聞く方が、物理的に時間がかかります。2倍速などにしてもかなり時間をとるので、一長一短があると思います。

たとえばスポーツジムのトレッドミルで走りながらオーディオブックを聞く、などの方法なら一石二鳥かもしれませんね。また、家事をしながら本を聞く、という方もいらっしゃるようです。何かしないといけないことがある、でも耳は空いている、という場合は、オーディオブックは有用だと思います。寝落ちしない自信がある方は、寝転んで聞くのもいいと思いますよ！

自分の手に余るものは投資しない決断も必要

コスパとタイパを考えてサブスクなどを選ぶといい、と申しましたが、**けっこう長い期間お金を払い続けて結局やめたサービスもあります。**

デザイン系の方なら必須であろう、Ａｄｏｂｅ　ＣＣです。天狼院書店のゼミでインデザインやＰｈｏｔｏｓｈｏｐなどを扱うものがあったので、試しに受講してみたのですが、どうも絵心と申しますかデザイン系の才能はからきしないらしく、ゼミの内容もさっぱりわからなかったし、Ａｄｏｂｅ　ＣＣは宝の持ち腐れでした。現在はＬｉｇｈｔｒｏｏｍだけ使ってたまに写真に手を入れています。その代わり、Ｃａｎｖａには課金しています。自宅音楽教室の宣伝画像を作ってＩｎｓｔａｇｒａｍにアップするだけですが、フォントをいろいろ変えるなど楽しんでいます。デザインの素人にはＣａｎｖａがコスパもよいと思います。せっかく課金しているので、もっと活用できるようがんばります！

続けやすい仕組み作りに無理なく投資する

これまでいろいろな投資をしてきましたが、ある程度のお金とエネルギーをかけるのが「続ける」コツだと思います。

たとえばうちでは数千万円のスタインウェイのピアノなんて買えないけどベーゼンドルファーやベヒシュタインも音源として持てる電子ピアノを数十万円で買って早朝・深夜の練習用に使う、など、身の丈に合った投資をするのがいいと思います。

コスパとタイパ、そしてご予算もいろいろ考えて、やりたいことを続けていきましょう！

6章

続けるための
メンタルを身につける

これまで、「学び」を中心に「続ける技術」について書いてきましたが、そうはいってもなかなか続かないものだと思う方も多いことでしょう。

仕事が忙しくて時間がない、投資に回せるお金がない。私自身も病気を抱えた身ですので、仕事が少なくて自由になる時間が多いという利点はあるものの、体調や気分に波があります。

そんな諸条件があってもなんらかのことを「続ける」ためには、メンタルの面も大事です。

中断からの復帰にはエネルギーがいる

続けることをやめてしまう大きな要因として、なんらかの都合で続けることを中断した時に、そこから再開するのが大変で面倒くさくなってしまうから、ということがあると思います。「あ～やらなきゃ」「やらなきゃ」「やらなきゃ……」「今日もできなかった……」「もうやめちゃえ」になるのが、はっきりいって、普通です。
そりゃそうです。ずっと続けていれば惰性でもなんでも続けられるけれど、中断して復帰するにはエネルギーがいります。

もう一度言いますが、中断から復帰するためには、エネルギーがいるのです。

それがつらいというのであれば、一日5分でも10分でも、本を読むなら1ページだけでも数行だけでも、続けた方がいいです。そして「今日もちょっとだけど続けた！」と自分を褒めてあげればいいのです。

それでもどうしても続かなかった時は、「中断から復帰するのにエネルギーがいるのは当たり前のことだ！」と諦めて、機が熟した時に「えいやっ！」と気合を入れて再開すればいいです。三日坊主でもいいじゃないですか。断続的に続けたのでもいいじゃないですか。三日坊主も3回繰り返せば約10日になります。33回やれば約100日です。自分を責める必要はありません。たとえ中断があっても、再び続けることによって、成果をあげることはできるのです。

もちろんずっと続けていた方が習慣化できて楽なので、続けられるなら続けた方がいいとは思います。でも、仕事がめちゃくちゃ忙しいとか、病気になってしまったとか、続けられない理由ができることだってあります。あるいは単に「今日はちょっとやる気が出ない」ということだってあるでしょう。

そういう時は、休む勇気を持つことも必要です。そして本当にやりたいことなら、いつかは必ず復帰できます。そのエネルギーが出てくるまで待つ時間があってもいいと思います。

音楽をやめていた時期からの復活

私自身、音楽活動を中断したことが何回かあります。

ピアノの練習は「一日休むと自分がわかる、三日休むと聞いている人にわかる」と言われていて、毎日練習することが推奨されています。

特にプロのピアニストになるなら毎日何時間も練習するのが当たり前です。私も音大受験を得意とする先生についていた関係で、将来はピアニストになるものだと思って練習してきました。高校に入ってからは勉強が大変なので練習時間が減り、結局音大受験はしなかったので、まずはそこで中断があります。

東大に入ってからはピアノの置けない下宿に4年間住みました。オーケストラに入って室内楽のピアノを弾いたりいろんな楽器のおさらい会の伴奏をしたりする機会があったのですが、その時は学校のピアノや友だちの家のピアノを借りて練習しました。細々と続けてはいましたが、毎日は練習できませんでした。

そして練習場所をどうしても確保したくて藝大に入りました。さらに3カ月ほどはピアノの置けない下宿のままだったので、学校のピアノをがんがん弾いていました。一時期は一日6時間くらい弾いて腱鞘炎みたいになりました。1年の前期が終わる頃には、グランドピアノが置けるマンションにも引っ越し、実家からピアノを送ってきました。

この時に出会った副科ピアノの先生がとても理解のある方で、ピアノの基礎から教えていただくことができました。伴奏の勉強をすると決めて、ソルフェージュ科ピアノ専攻の大学院に行こうという話になり、すでに25歳になろうかという頃になっても「親指のくぐらせ方はね……こっちから見てごらん？」というレッスンを受けていました。

この時期に基礎的なことを勉強したおかげでピアノの道に進み、アンサンブル・ピアニストとして仕事をするところまで復活（というより高校までより進歩！）できました。

その頃の経験があるので、２００８年に病気で音楽の仕事をやめた時も、いつかやりたい気持ちになったら基礎からやり直せば絶対復活できる！　と信じて、休養していました。長い長い中断のあと、２０２１年に入ってやっとピアノを再開する勇気が持てました。

それからはピアノのリハビリを始め、少しずつ弾けるようになっていきました。

パソコンの親指シフト入力で指を動かしていたおかげで、完全に固まっている感じではありませんでしたが、いやはや最初はひどいものでした。藝大に入った時に腱鞘炎になった反省から、腕の力の抜き方に気をつけて練習しました。

どうも私は肘を痛めやすいので、腕の重みを鍵盤に伝えること、一つひとつの音をよく聞くことを大切にして練習したのが、今生徒さんを指導するのにも役立っています。

「ただいまリハビリ中！」と題してYｏｕＴｕｂｅに動画をアップし、上達していく過程を記録しました。激しい曲はもともと弾けませんが、美しい曲をいい音で弾くことはできるようになりました。

そうこうするうちに長年の夢だった電子オルガンを始めることもでき、これも集中的にがんばって、始めてから約1年で指導者協会に入りました。病院でボランティア演奏し、お客様に喜んでいただくこともできました。

現在は音楽教室をやっています。プロのピアニストと名乗るのはちょっと無理ですが、それなりに手の状態もよくなったので、ピアノや電子オルガンのボランティア演奏などの音楽活動を続けたいと思っています。電子オルガンは年に1、2回くらい、病院でのボランティア演奏をしています。分解して持ち運びのできるカジュアルモデルを買ったのが役立っています。

休む時期があっても再開して続ければ、自信にもなると思います。

「今」が一番若い

何かやってみたいことがあった時によく口にすることばに「あと10年若かったら」があります。

実際私も、30代でドイツ語をやり直そうとした時にそう思いました。「今からドイツ語をやっても遅いよね。上達するわけないよね」と思ったのです。実際、通訳のプロにはなれなかったし、これがもっと若い頃から始めたのだったら音楽と語学と何足ものわらじを履いていたかもしれません。

しかしその時点でふと「もしかして、10年後にも同じことを言うんじゃないかしら?」と気がつきました。「だったら今やろう!」と決意しました。思い立ったが吉日です。

あと10年若かったら、と嘆いたところで時間は巻き戻せません。「今」が一番若いのです。有名予備校講師の林先生ではありませんが、「いつやるの? 今でしょ!」という気概で始めればいいのです。

そして、その「今」を積み重ねていけば、続きます。中断しても、また続ければいいのです。そうです。中断してもいいのです。

復帰するのにエネルギーはいりますが、そのエネルギーが出せたことを自分で褒めましょう!

おわりに

病気があっても「そこそこ元気」を目指す

私は長年うつ病を患っています。

うつ「病」と診断されていた時期もうつ「状態」だった時期もありますが、少しよくなっても再発を繰り返しているので、おそらく完全に治ることはありません。今も毎週病院で診察を受けています。

そして2016年に父が亡くなってしばらくしてから、かなり進行した乳がんが発覚しました。命に関わる病気なのでさすがに落ち込みましたが、手術してくださった先生や看護師さんに手厚いケアを受けているうちに、自分が「生きようとしている」ことに気がつきました。

そうです。

うつ病患者は希死念慮を持つことが多いのですが、私は本当は「生きたい」のです。それに気がついてからは、うつ病がだいぶよくなりました。今も薬は飲んでいるものの、状態はかなり安定していて、ほぼ寛解していると主治医に言われています。

がんの方は、手術から4年半ほど経った頃の検査で骨転移が見つかり、その後肝臓などにも転移があるということで、現在は新しい薬を使った抗がん剤治療を受けています。先日の検査で肝転移が縮小傾向にあるとのことで少し安心しています。

そんなこんなで決して健康体とは言えませんが、病気の割には元気にしています。

また、毎日出かけてお店の人や顔見知りの人とちょっと話すのも、精神状態をよくしているように思います。特にスタバの空いている時間を狙って長居をするのが好きです。にこにこしていられるので、お店の人も喜んでくれます。

こんなふうに心身の安定に気を配ると、いろんなことを続けるのに役立ちます。

お忙しい方には特に睡眠に投資することをお勧めしたいです。

「続ける技術」で週刊連載が300回を突破予定

天狼院書店のライティング・ゼミを受け始めたのは、2017年秋でした。その後上級クラスに進み、企画を出して連載記事を書けるようになったのが2019年2月のことです。

題して『素人投資家いちねんせい』。親の遺産を相続して土地家屋とまとまったお金を入手したので、それを少しずつ運用する話や、天狼院のゼミを中心として自己投資をする話を書いています。

週刊連載なので、年間51回書き続けて6年目です。年末年始の1回だけお休みで、あとは毎週、月曜日の更新です。月曜から金曜までの株式市場の話題などを、土曜日の朝に書くのが習慣となっています。本書刊行時点で290回を突破し、年末には300回を迎える予定です。

そもそも本書の企画を天狼院店主三浦さんから提案されたのも、この『素人投資家いちねんせい』の連載が200回を超えた頃のことでした。三浦店主とスタッフの鳥井さんが我が家に来てくれて対談するワンデイ講座をしました。ワンデイ講座は翌年もZoomで行いました。そして気がつけば書籍化の話が出ました！

もともと文章を書くのが好きで、書く仕事ができたらなぁ、と思ってライティング・ゼミを始めたのですが、遠い夢だと思っていた書籍化の話が出るなんて、とても嬉しかったです。

文章を書き続けて、連載を書き続けて、そして書籍化もできるなんて、続けることは素晴らしいことだと思っています。

担当編集の大塩さんにも「書籍の執筆に『続ける技術』を活用しましょう！」

と応援していただきました。今まで連載は書いてきたものの、まとまった長さの文章を書くのは初めての経験ですが、続けていてよかった！　と心から思います。

人生百年時代、楽しく生きよう！

人生百年時代、還暦を過ぎた私もあと40年生きられるかもしれません。小さなことでも長く続けていると、それなりの成果が得られます。心身の健康に留意して、機嫌よく生きて、病気があっても共存して、これからの人生を楽しんでいけたら、と思っています。

やるなら「今」です。そして続けるならこれからです。中断があってもいい、休むことがあってもいい、細く長く続けていって、実りの多い人生にしようじゃありませんか。

何をやるにしろ、楽しければ続きます。楽しめれば続きます、と言い換えてもいいかもしれません。もちろんつらいことが出てくるでしょうが、それも含めて楽しんでみてはいかがでしょうか。

大谷翔平選手やイチロー選手、藤井聡太さんなど、すごい業績をあげている人だってきっと、楽しいから続けられる、続けられるから結果がついてくる、のではないでしょうか。

彼らのような大きなことはできなくても、結果的にプロになれなくても、ハイアマチュアを目指すのでもいいから、楽しく続けていきましょう！

安光伸江（やすみつ・のぶえ）
公立中から県内1位の成績で下関西高等学校に合格。その後、全国大会にも出場する吹奏楽部に所属しつつ、塾も家庭教師も使わずに東大現役合格。東大卒業後、東京藝術大学音楽学部に入学。その後、東京藝術大学大学院へ進学。5歳から高校3年生まで続けていた念願のピアノの道に進む。また、社会人になってから本格的にドイツ語を学び始め、約6年かけて翻訳の仕事を行えるまで上達する（音楽との両立が難しく断念）。現在は、郷里の山口県下関市に戻り「やすみつ音楽教室」を営む。次世代型書店である天狼院書店が運営する「READING LIFE」において編集部公認ライターとして「素人投資家いちねんせい」を休みなく連載し、先日、連載回数290回を突破。今も変わらず「継続」を実践している。

必ず目標達成する人が実践する続ける技術

2024年12月10日　初版第1刷発行

著　者――安光 伸江

発行者――張 士洛
発行所――日本能率協会マネジメントセンター
〒103-6009 東京都中央区日本橋2-7-1　東京日本橋タワー
TEL 03(6362)4339(編集)／03(6362)4558(販売)
FAX 03(3272)8127(編集・販売)
https://www.jmam.co.jp/

装丁・本文デザイン――須貝美咲（sukai）
装　　画――中島花野
D　T　P――株式会社キャップス
印　刷　所――三松堂株式会社
製　本　所――三松堂株式会社

ISBN 978-4-8005-9277-4　C2034
落丁・乱丁はおとりかえします。
PRINTED IN JAPAN